高等学校教材

化工企业现场管理

HUAGONG QIYE XIANCHANG GUANLI

程道建 / 主编
赵 宏　姚水洪 / 副主编

化学工业出版社

·北京·

内 容 简 介

《化工企业现场管理》主要内容包括：化工企业现场要素管理、化工企业现场内容管理、化工企业现场全面改善的方法——5S管理、企业现场管理体系化与标准化等内容，从实际出发，以提升现场要素状态、要素结合状态与要素配置状态三种力量为框架，把现场要素的管理、现场管理的内容与现场管理方法结合起来，探讨化工企业的现场管理。

本书通过充分的前期调研，以贴近真实岗位、贴近实际工作为编写宗旨，多角度，全方位、深入浅出地介绍了现场管理的要素、内容以及改善、提升方法。

本书以"立德树人"为价值引领，在内容上融合"知识传授＋能力培养＋价值引领"新形态；充分体现时代性，及时纳入新技术、新工艺、新规范、典型生产案例。

本书可供高等院校的化工、材料、环境、化机、工商、物流等相关专业学生以及化工企业现场管理人员学习、参考。

图书在版编目（CIP）数据

化工企业现场管理 / 程道建主编；赵宏，姚水洪副主编. -- 北京：化学工业出版社，2025.1. --（高等学校教材）. -- ISBN 978-7-122-46755-3

Ⅰ. F407.762

中国国家版本馆 CIP 数据核字第 2024741P7Q 号

责任编辑：高　钰
责任校对：李雨晴　　　　　　　装帧设计：刘丽华

出版发行：化学工业出版社
　　　　　（北京市东城区青年湖南街 13 号　邮政编码 100011）
印　　装：三河市航远印刷有限公司
787mm×1092mm　1/16　印张 9¼　字数 208 千字
2025 年 2 月北京第 1 版第 1 次印刷

购书咨询：010-64518888　　　　　售后服务：010-64518899
网　　址：http://www.cip.com.cn
凡购买本书，如有缺损质量问题，本社销售中心负责调换。

定　　价：38.00 元　　　　　　　　　　　　版权所有　违者必究

前言

企业生产作业现场是价值创造的场所，现场管理是否有效直接关系到企业价值创造的功能高低。我国很多先进企业特别注重现场管理，通过学习欧美先进企业的现场管理方法，把安全、环保、质量、健康等内容融入现场的具体管理活动中，持续不断地改进企业的现场管理，获得企业竞争优势。对于化工企业来说，生产作业现场涉及有毒、有害的多类物质，必须重视现场管理。

本书的特色在于：从实际出发，以提升现场要素状态、要素结合状态与要素配置状态三种力量为框架，把现场要素的管理、现场管理的内容与现场管理方法结合起来，全面、深入分析与探讨化工企业的现场管理。

本书的主要内容如下：

第一章是概论，对现场管理与化工企业现场管理进行初步介绍与分析，包括介绍化工行业的演变、化工企业特征与化工企业管理的内容，对现场以及现场管理、化工企业现场管理的认识，提出企业现场管理的要素三力模型。

第二章是化工企业现场要素管理。现场价值创造的要素包括人、机、料、法、环、信息等，本章主要介绍人、机、料三个要素，包括人以及最基本团队——班组的管理，现场物料管理与设备管理，并把现场问题作为一个要素提出来，分析如何解决现场问题。

第三章是化工企业现场内容管理。企业现场管理的内容主要有安全、环保、健康、质量、进度等，主要介绍与分析现场的安全、质量与环境三个管理内容。

第四章是化工企业现场全面改善的方法——5S管理。5S管理是化工企业提升现场管理水平最为有效、最为基础的方法，通过5S管理确保现场要素的行为有效性与状态正常，通过5S管理使现场管理内容有效展开，确保现场价值创造的效率与效能。

第五章是企业现场管理标准化与体系化。现场管理方法必须标准化、体系化才能持续下去，通过现场5S管理的标准化、体系化促进现场管理持续优化。

本书配有PPT课件，请发电子邮件至 cipedu@163.com 获取，或登录 www.cipedu.com.cn 免费下载。

本书由程道建主编，赵宏、姚水洪担任副主编，曹东、吴登峰、肖宁、林爱军参加编写，程道建提出编书构想，程道建、赵宏、林爱军以及经管学院姚水洪四位教师共同讨论形成整体框架，由姚水洪统稿。

本书在写作过程中参阅大量的专业文献，在此对原作者深表谢意！

由于编者水平有限，书中一些不足之处，期望各类专业人员提出宝贵意见，相关意见与建议可微信联系，微信号：yuanfang3389，以便持续改进与完善。

编 者
2024年10月

目录

第1章 概论 ——1

1.1 化工行业与化工企业 …… 2
   1.1.1 化工行业与化工产业链 …… 2
   1.1.2 企业与化工企业概述 …… 7
1.2 化工企业管理概述 …… 9
   1.2.1 管理与企业管理 …… 9
   1.2.2 化工企业管理 …… 12
1.3 现场、现场管理与化工企业现场管理 …… 13
   1.3.1 对现场的认识 …… 13
   1.3.2 认识现场管理 …… 15
   1.3.3 化工企业现场管理的特点 …… 19
   1.3.4 企业现场管理的三力模型 …… 20
本章小结 …… 21
复习思考 …… 21
讨论案例 某汽车制造企业现场改善 …… 21

第2章 化工企业现场要素管理 ——23

2.1 化工企业人员与班组管理 …… 24
   2.1.1 化工企业班组建设要求 …… 24
   2.1.2 化工企业现场工作计划与执行 …… 27
   2.1.3 化工企业现场员工培训 …… 31
2.2 化工企业现场的物料管理 …… 33
   2.2.1 企业现场物料管理 …… 33
   2.2.2 化工企业物料管理与危化品管理 …… 36
2.3 化工企业现场的设备管理 …… 37
   2.3.1 化工设备的种类 …… 37
   2.3.2 化工设备管理的模式 …… 40
   2.3.3 TPM设备管理概述 …… 43
2.4 化工企业现场的问题管理 …… 47
   2.4.1 问题解决与持续改善 …… 47
   2.4.2 问题解决的步骤与方法 …… 51
本章小结 …… 55
复习思考 …… 55
讨论案例 某煤气化厂重大爆炸事故调查报告 …… 55

第3章
化工企业现场内容管理
58

3.1 化工企业现场安全管理 …………………………………… 59
　3.1.1 化工企业安全管理概述 ……………………………… 59
　3.1.2 化工企业安全管理体系 ……………………………… 65
　3.1.3 化工企业过程安全管理 ……………………………… 68
　3.1.4 危险源辨识与事故应急管理 ………………………… 71
3.2 化工企业现场质量管理 …………………………………… 73
　3.2.1 质量管理与体系 ……………………………………… 73
　3.2.2 化工企业现场质量管理 ……………………………… 79
3.3 化工企业现场环境管理 …………………………………… 80
　3.3.1 化工企业现场环境管理的内容与措施 ……………… 80
　3.3.2 化工企业现场环境风险评价 ………………………… 84
本章小结 ………………………………………………………… 86
复习思考 ………………………………………………………… 86
讨论案例　某新材料公司"5·1"安全事故 ………………… 86

第4章
化工企业现场全面改善的方法——5S管理
88

4.1 现场5S管理概述 ………………………………………… 89
　4.1.1 现场5S管理的基本内容 …………………………… 89
　4.1.2 现场5S管理的本质与实施条件 …………………… 92
4.2 现场5S管理的实施要点 ………………………………… 96
　4.2.1 整理推行——最精要素 ……………………………… 96
　4.2.2 整顿推行——最优定位 ……………………………… 98
　4.2.3 清扫推行——最佳状态 …………………………… 101
　4.2.4 清洁推行——最好标准 …………………………… 104
　4.2.5 素养推行——最美习惯 …………………………… 108
4.3 现场5S管理的实施方法 ………………………………… 109
　4.3.1 主要的整理推行方法 ……………………………… 109
　4.3.2 主要的整顿推行方法 ……………………………… 112
　4.3.3 主要的清扫推行方法 ……………………………… 116
　4.3.4 主要的清洁推进方法 ……………………………… 117
　4.3.5 主要的素养推进方法 ……………………………… 121
本章小结 ……………………………………………………… 123
复习思考 ……………………………………………………… 123
讨论案例　某石化企业化工三部5S管理推进 …………… 123

第 5 章 企业现场管理体系化与标准化

125

5.1 建立企业 5S 管理体系 …………………………………… 126
　5.1.1 企业 5S 管理体系文件的内容 ……………………… 126
　5.1.2 企业 5S 管理体系文件编制的基本要求 ………… 127
5.2 企业现场 5S 管理的标准化 ……………………………… 128
　5.2.1 标准化的界定与目的 ……………………………… 128
　5.2.2 企业 5S 管理标准化的要点和成效 ……………… 129
5.3 企业现场 5S 管理的习惯化 ……………………………… 131
　5.3.1 5S 管理活动习惯化的定义 ………………………… 131
　5.3.2 5S 管理活动习惯化——企业的素养培育 ………… 132
　5.3.3 5S 管理习惯化对企业文化的塑造 ………………… 134
5.4 企业现场 5S 管理的全员参与 …………………………… 135
　5.4.1 现场 5S 管理的全员参与 …………………………… 135
　5.4.2 创建现场 5S 管理机制 ……………………………… 135
本章小结 ………………………………………………………… 139
复习思考 ………………………………………………………… 139
讨论案例　某化工企业标准化的内容 ………………………… 140

参考文献

141

第1章

概论

📘 学习目标

- 了解化工行业分类与化工产业链
- 理解企业的定义与把握现代企业的特点
- 了解现代化工企业认定标准
- 理解管理与企业管理的内涵
- 了解化工企业管理原则与内容
- 理解现场与现场管理的内涵
- 掌握现场管理的要素与内容
- 了解现场管理的目标与要求
- 理解现场管理的三力模型

✳ 知识结构

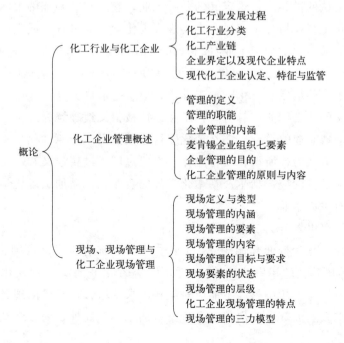

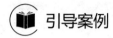 引导案例

丰田汽车的现场管理实践

丰田汽车是全球知名的汽车制造商,其现场管理实践一直被视为行业标杆。丰田汽车在现场管理方面采用了"精益生产"(Lean Production)的方法,最大限度地提高生产效率和产品质量。

丰田汽车注重员工参与和持续改进。他们通过培养员工的创新和质量意识,鼓励员工积极参与现场管理,提出建议,并持续优化工作流程。丰田汽车还实行了"防错"(Poka-yoke)的原则,通过在生产过程中引入自働化装置和检测设备,减少人为错误,提高了产品质量。

另外,丰田汽车在供应链管理方面也取得了卓越的成果。他们与供应商建立了紧密的合作伙伴关系,通过共享信息和资源,实现供应链的协同管理。这种合作的方式不仅提高了供应链的敏捷性和灵活性,还降低了库存成本和交货周期。

1.1 化工行业与化工企业

1.1.1 化工行业与化工产业链

化工行业是许多国家的基础产业和支柱产业,对经济社会发展产生重要影响。到目前为止,全球化工行业已经发展了数百年,从最初的原始形态化工生产模式,逐渐演变成为目前精细化、高端化的生产模式;从最初的单一产品生产,逐渐发展成为数万种化工产品的复杂生态模式;从前期以服务特定人群的生产方式,已经发展成为全球化的生产模式。

(1) 化工行业演化与发展

化工行业是公认的世界上最难定义的一种工业,它的定义和范围大体上有广义、狭义的理解。广义的化工行业指凡生产过程主要表现为化学反应过程、或生产过程中化学过程占优势的工业,都属于化学加工工业(Chemical Processing Industries,简称 CPI),或称过程工业(Process Industries),或化工行业(Chemical Industry)。这就把诸如炼钢、造纸、酿酒、制革等一些虽然具有化学加工性质,但早已形成独立工业门类也列入化工行业的范畴。至于狭义的化工行业,有时一种工业往往被狭义地理解为某个工业行政管理部门所管辖的部分行业或企业的总体。那么,化工行业便狭义地指原"化学工业部"所属行业和企业的总体。一般认为,所谓化工行业介于上述过广或过狭定义和范围之间,例如美国一般认为化工行业的范围应包括生产基本化品的企业、产品加工以化学过程为主的企业以及与石油炼制有关的企业。

化工行业发展可以划分为三个阶段。

一是萌芽阶段。化学行业起源于 18 世纪中叶,从前期的炼丹术到正规的化学生产。18 世纪 40 年代英国建立的铅室法硫酸厂被称为第一个真正意义上规模化的化工厂。随后基于纺织行业的发展,天然染料已不能应对染料需求的增长,开始出现有机染料的生产工厂,在欧洲、北美及亚洲等地区出现了大量染料加工厂。此外,随着钢铁工业、炼焦工业

的发展，副产煤焦油的利用也促进了从煤焦油中分离芳烃的化工产业。1856 年，英国人 W. H. Perkin 由苯胺合成苯胺紫染料，后经过剖析确定天然茜素的结构为二羟基蒽醌，便以煤焦油中的蒽为原料，经过氧化、取代、水解、重排等反应，仿制了与天然茜素完全相同的产物。煤焦油工业的发展也推动了当时医药工业的发展。图 1-1 为全球最早的化工厂。

图 1-1 全球最早的化工厂

二是规模化阶段。1920 年美国用丙烯生产异丙醇是大规模石油化工发展的起始点。1939 年美国标准石油公司开发了临氢催化重整过程，这成为芳烃的重要来源；1941 年美国建成第一套以炼厂气为原料用于管式炉裂解制乙烯的装置，成为化工产业链向下游延伸的关键。与此同时，日本、西欧等地区也大量利用原油为原料，进行基础的化工行业生产。在 20 世纪 80 年代，90% 以上的有机化工产品来自石油化工，其中如氯乙烯、丙烯腈这种以电石乙炔为原料的化工产品，都陆续转向以石油为原料生产。1951 年美国以天然气为原料裂解得到一氧化碳及氢气，是全球碳-化学发展的源头。

三是全球化阶段。从 20 世纪 60 年代到 70 年代是全球现代化工行业的开始。在这个阶段，全球化工工业竞争激烈，一方面由于全球化工行业的认识加深，化学反应原料的改进激发了对于化学生产工艺设计的激烈探讨与进步；另一方面是新技术不断出现，对当时化工行业发展提出了全新的可能。1963 年，美国凯洛格公司设计建设第一套日产 540 吨合成氨单系列装置，这是化工生产装置大型化的标示。

从 20 世纪 60 年代开始，全球掀起了电子工业的发展浪潮，大规模集成电路和电子工业迅猛发展，催生了众多精细化学品及新材料产业的发展，代表性的产品有光导纤维、尼龙、聚甲醛、聚碳酸酯、ABS 树脂等，还有电子工业需要的相关电子化学品。这些都是新质生产力来源的重要领域，也是我国技术人员突破国外技术封锁、提升国家产业化水平、体现化工行业技术人员爱国情怀，形成团队精神、科学精神、探索精神、创新精神的重要领域。

(2) 化工行业分类

化工行业包括生产基本化工产品的企业和以化学方法为主进行产品加工的企业，包括以石化基础原材料为加工对象的延伸化工、煤化工、盐化工、生物化工及精细化工等领域。它们一般生产三类产品：基本化工产品、进一步加工用产品以及供终端消费的化工产品。目前我国大致把化工行业分为基本化工行业、化肥工业、石油化工行业和其他化工行业。主要化工行业及其产品见表1-1。

表1-1 主要化工行业及其相关产品

化工行业	主要产品或用途
化学矿山	磷矿、硫矿、硼矿、矾矿和石灰石矿等
酸、碱	硫酸、烧碱、纯碱
无机盐	磷酸、碳酸钾、小苏打、无水硫酸钠、氰化钠、氯化锌、轻质碳酸钙、过氧化氢、沉淀硫酸钡
化肥	氮肥(硫酸铵、硝酸铵、尿素、碳酸氢铵等)、磷肥(普通过磷酸钙、钙镁磷肥等)、钾肥
化学农药	敌百虫、乐果、甲胺磷、杀虫双、草甘膦、多菌灵等
电石	可作为生产聚氯乙烯、聚乙烯醇、氯丁橡胶、乙醛、乙炔黑、双氰胺、硫脲等工业的原料
热固性塑料和工程塑料	酚醛塑料、氨基塑料、环氧树脂、不饱和聚酯树脂、聚碳酸酯、聚甲醛、ABS树脂、尼龙1010
合成橡胶	顺丁橡胶、丁苯橡胶、氯丁橡胶、丁腈橡胶
染料	硫化染料、直接染料、酸性染料、活性染料、碱性染料、还原染料、分散染料、冰染染料
涂料	天然树脂漆、酚醛树脂漆、醇酸树脂漆、氨基树脂漆、过氧乙烯漆、聚酯漆、聚酯漆、硝基漆
增塑剂	邻苯二甲酸酯、对苯二甲酸二辛酯、己二酸二辛酯、氯化石蜡、磷酸酯等
橡胶加工助剂	防老剂、促进剂
工业表面活性剂	阳离子型、阴离子型、非离子型、两性型等
造纸化学品	脱黑剂、助留剂、助滤液剂、表面处理剂、浆内施胶剂、纸张增强剂、涂布胶黏剂、分散剂等
感光材料	电影胶片、照相胶片、特种胶片、彩色相纸
磁性记录材料	磁带、磁盘等
橡胶加工	轮胎、运输带、胶管、胶鞋、炭黑等

随着社会生产力和人们生活水平的不断提高，化工新技术开发的进度不断加快，化工产品的结构日趋合理，产品质量也在不断提高，已能适应和满足不同消费的需求，其中许多精细化工产品的生产已越来越受到重视。伴随该类产品产值在化工行业产值中的比重逐年上升，已经出现了把生产精细化工产品的工业作为一个单独部门从化工行业中划分出来的倾向。

(3) 化工产业链

化工产品上下游关系极为复杂，同一种化工产品往往有多种合成方式，而下游化工产品的制备往往需要多种上游化工产品，甚至还会有不同化工产品的应用场景具有相互替代。通常可以将整个化工产业链进一步细分成若干个重要的细分产业链。基于国内研究经验，可以从四种不同角度对化工子产业链进行划分。以核心产品划分，重要的有聚烯烃、有机硅、钛白粉、氟化工、氯碱、聚氨酯产业链；从原材料的角度出发，可以划分为石油产业链、天然气(或者轻烃)产业链、煤化工产业链；从核心产品或终端应用的角度出发，可以分出基建地产、车用材料、纺服、农化、新能源、电子化学品等产业链；从整个产业链纵向角度出发，石油-炼化-化纤这条产业链是目前化工产业链中最为重要的投资主线之一。

1) 以原材料来源划分

① 石油化工产业链，如图1-2所示。石油化工产业链的上游是勘探、开发、油服等

环节，得到石油后进行炼制主要分离出三类产品，分别是成品油、石脑油、重组分物质，其中石脑油经过裂解得到烯烃和芳烃等，再向下游发展就得到各类有机化工产品。

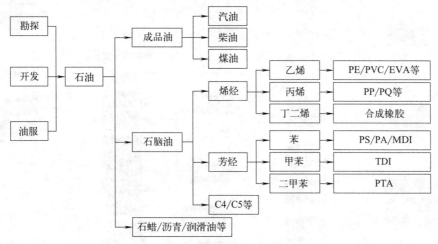

图 1-2　石油化工产业链示意图

② 天然气/轻烃化工产业链，如图 1-3 所示。一般可以用来生产下游化工产品的气体主要是甲烷、乙烷、丙烷等含碳分子量较小的气体，主要以天然气、液化石油气、天然气凝析液等形式出现，而甲烷、乙烷、丙烷等气体经常统称为轻烃。

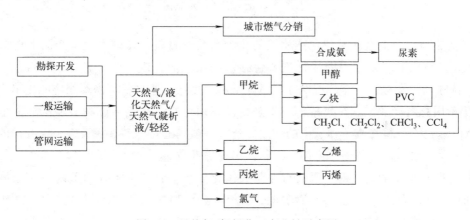

图 1-3　天然气/轻烃化工产业链示意图

③ 煤化工产业链，如图 1-4 所示。煤化工可以分为传统煤化工和新型煤化工，其中传统煤化工在我国发展较早，主要是生产 PVC、炭黑、合成氨等传统化工产品。新型煤化工则主要是以替代石油化工产品为目的，几乎可以生产大多数石油产业链的化工产品，例如烯烃、芳烃、乙二醇、醋酸、成品油等常见的石油化工产品。

2) 从应用场景的角度划分

从应用场景的角度划分化工产业链，通常是这些应用领域对化工产品的需求体量大，或者是需求增速明显快于其他行业。可以划分几个相对重要的子产业链，比如化工产品应用规模较大的基建地产材料、车用材料、纺服材料、农化材料，以及近年来需求增速较快的新能源材料产业链、电子化学品产业链。

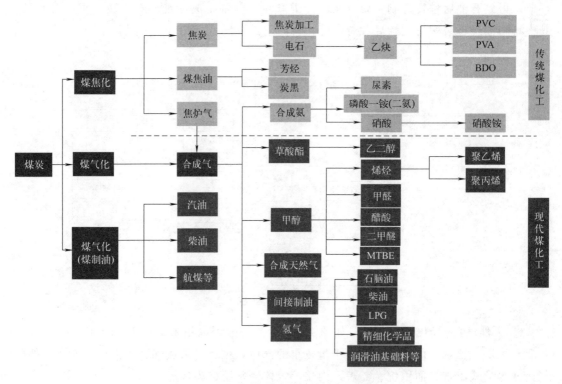

图 1-4　煤化工产业链示意图

① 基建地产产业链。基建地产相关的化工产品及材料，在国内化工产品下游应用中占比较大。与化工产品相关的建材主要包括水泥、玻璃、铝合金、沥青、涂料/装饰纸、外墙保温材料、管材、玻纤、钢铁等材料，基本上生产这些材料都需要相应的化工产品。

② 车用材料产业链。车用材料一直是指汽车用材料，在化工产品下游需求中也占到重要地位。化工材料在汽车领域中的使用广泛，一般是通过塑料、橡胶、膜、纤维的方式应用在车身、结构件、外饰、内饰、织物、车窗等部位。

③ 纺服材料产业链。纺织服装行业是我国化工传统且非常重要的下游应用领域，也是国内的支柱产业之一。与二级市场相关的纺织服装材料一般包括纤维、染料、纺织印染助剂和人造皮革及助剂等。

④ 农化产品产业链。农化产品产业链同样是传统且重要的化工子产业链，研究最多的农化产品主要有农药、化肥和其他农资产品（以地膜为代表），其中农药可以根据用途分为除草剂、杀虫剂、杀菌剂和植物调节剂，而化肥则通常指氮磷钾肥以及按比例调节混合后的复合肥。

⑤ 新能源材料产业链。新能源行业发展迅速，无论是之前的风电和光伏发电，还是近年来随电动汽车产业迅速发展的锂电池，对化工材料的需求量也日益增长，且产品性能要求逐步提升。

⑥ 电子化学品产业链。电子化学品是近年来发展最为迅速的化工子产业链之一，这背后的主要推动力量就是国产电子产业链的迅速发展。电子化学品主要应用在半导体、平面显示、PCB板以及电容器几个电子产业链上的核心产品。

1.1.2　企业与化工企业概述

(1) 现代企业特点

1) 企业的界定

英文中企业一词由两个部分构成，"enter-"和"-prise"，前者具有"获得、开始享有"的含义，可引申为"盈利、收益"；后者则有"撬起、撑起"的意思，引申为"杠杆、工具"。两个部分结合在一起，表示"获取盈利的工具"。日本在引进该词时，意译为"企业"，字面上看表示的是商事主体企图从事某项事业，且有持续经营的意思。可以认为，企业一词在语源意义上是作为权利客体存在的，是"主体从事经营活动，借以获取盈利的工具和手段"，或者"创制企业和利用企业进行商事营业活动并非商事主体的终极目标"，其最终目的无非是为了"谋求自我利益的极大化"。

《现代汉语词典》对企业的解释是：从事生产、运输、贸易等经济活动的部门，如工厂、矿山、铁路、公司等。2007年3月17日通过的《中华人民共和国企业所得税法》中第一条的描述："在中华人民共和国境内，企业和其他取得收入的组织（以下统称企业）为企业所得税的纳税人，依照本法的规定缴纳企业所得税。个人独资企业、合伙企业不适用本法。"从上面的解释和法条可以看出：首先企业是一种社会组织；其次企业从事经济活动，也就是能够给社会提供服务或产品；最后企业是以取得收入为目的，即以营利为目的。

企业是按照一定的组织规律形成具有内在逻辑的经济实体，一般以营利为目的，以实现投资人、客户、员工、社会大众的利益最大化为使命，通过提供产品或服务换取收入。企业存在三类基本组织形式：独资企业、合伙企业和公司，公司制企业是现代企业中最主要的、最典型的组织形式。

现代经济学理论认为，企业本质上是"一种资源配置的机制"，其能够实现整个社会经济资源的优化配置，降低整个社会的"交易成本"。

现代企业是国民经济巨系统中的一个系统。它的投入与生产都离不开国民经济这个巨系统，它所需要的生产要素由国民经济各个部门向其投入，它所生产的产品又需要向其他部门输出。国民经济巨系统乃是企业系统的外部环境，是企业不可控制的因素；企业内部条件是企业本身可以控制的因素。当企业外部环境发生变化时，企业可以通过改变内部条件来适应这种变化，以保证达到既定的经营目标。

2) 现代企业的特点

现代企业是指在当代社会中以营利为目的，以生产和销售商品或提供服务为主要活动的组织形式。

第一，现代企业具有明确的经济目标。与传统的家庭作坊或手工业不同，现代企业以营利为目标，通过生产和销售商品或提供服务来获取利润。这种经济目标使得现代企业更加注重效率和竞争力，追求高质量、低成本的生产方式。

第二，现代企业具有组织化和规模化的特点。现代企业往往由多个部门和岗位组成，各部门之间相互协作，形成一个有机的整体。同时，现代企业往往具有一定的规模，通过规模化生产经营，实现资源的优化配置和风险分散。

第三，现代企业注重市场导向和创新能力。现代企业面向市场，根据市场需求调整产品和服务的供给,通过市场营销和品牌建设来提高市场占有率。同时,现代企业注重创新,不断推出新产品、新技术和新服务,以满足消费者不断变化的需求。

第四,现代企业还具有法人独立性和责任有限性的特点。现代企业作为法律主体,享有与自然人相同的权益和义务,具有独立的法律地位;现代企业的责任通常有限,股东的责任通常仅限于出资额,不会扩大到个人财产范围。

(2) 现代化工企业

1) 现代化工企业及其认定

化工企业是指从事化学产品生产和开发的企业,这些企业通过运用化学方法改变物质组成、结构或合成新物质的技术,生产出化学品或化工产品,这些技术被称为化学生产技术或化学工艺。化工企业的产品范围非常广泛,包括从最简单的无机盐类到复杂的有机化合物,广泛应用于农业、建筑、医药、电子等行业,并作为许多日常生活用品的原料。随着全球经济的发展和人民生活水平的提高,化工产品的需求持续增长。

化工企业的定义还包括了对安全环保的要求。由于化工生产过程中可能涉及到有毒、有害、易燃、易爆等化学物质,因此对化工企业的安全生产管理十分严格。化工企业还需遵守相关的环保法规,以确保生产过程对环境影响最小。

化工企业的发展受到政府法规和监管的影响,因为化学产品的生产过程中可能涉及一系列的环境污染、安全隐患等问题。化工企业需要严格遵守相关法规和标准,保障生产过程的安全、环保和质量。化工行业中企业的认定标准非常重要,它不仅关乎企业的发展前景,也关系到产品质量和安全生产。

广义的化工企业认定标准有以下几点。

① 企业规模。规模大的化工企业通常拥有更强的生产能力和技术实力,能够承担更大规模的生产任务,同时也具备更强的市场竞争力。

② 技术水平。技术水平的高低直接关系到产品质量和企业的竞争力。在当今化工行业中,科技创新是推动行业发展的重要动力。

③ 管理水平。良好的管理水平能够有效提高企业的生产效率和经济效益,同时也能够保障产品质量和安全生产。因此,在认定标准中应当对企业的管理水平有相应的要求,包括质量管理体系、环境管理体系、安全生产管理体系等。

④ 安全生产。化工生产过程存在着安全风险,因此企业应当具备一定的安全生产管理能力,能够有效预防和应对各类安全事故。在认定标准中应当对企业的安全生产管理能力有相应的要求,包括安全生产管理制度、安全生产技术措施、安全生产培训等方面的要求。

狭义的化工企业认定标准有以下几点。

① 企业的经营范围是否包含化学工业生产和开发等相关内容;

② 企业的生产工艺是否属于化学工艺范畴;

③ 企业的产品类型是否为化学品或化工产品。

2) 化工企业生产特征

化工企业是连续型、流程型企业,其生产具有自己的特征。

① 生产过程密闭性。生产原料在不同工段进行反应时,是在密闭的专用设备内实现,各工段间原料传递也是通过专用管道进行,整个生产过程密闭联结。

② 生产过程连续性。现代化工生产是诸多大型反应装置按特定工艺组装而成的一整套生产设备，生产原料投入设备之后，经过一系列自动化生产工序，直接产出成品。整条生产线同时、连续工作。

③ 生产过程自动化程度高。随着技术改进和工艺更新，化工生产过程的自动化程度越来越高，生产流程主要通过电脑程序控制，自动进行，员工体力劳动强度大大降低。现代化工企业已经属于技术密集型企业。

④ 化工生产使用的原料的危险性。半成品和成品种类繁多，绝大部分是易燃、易爆、有毒、有害、易腐蚀的危险化学品，这给生产中的这些原材料、燃料、中间产品和成品的贮存和运输提出了特殊的要求。

⑤ 化工生产要求的工艺条件苛刻。有些化学反应在高温、高压下进行，有些要在低温、高真空度下进行，如由轻柴油裂解制乙烯，进而生产聚乙烯的生产过程中，轻柴油在裂解炉中的裂解温度为800℃；裂解气要在深冷（-96℃）条件下分离；纯度为99.99%的乙烯气体在294kPa压力下聚合，制取聚乙烯树脂。

正因为化工生产具有以上特点，安全生产在化工行业就更为重要。一些发达国家的统计资料表明，在工业企业发生的爆炸事故中，化工企业占了1/3；化工生产中，不可避免地要接触有毒有害的化学物质，化工行业职业病发生率明显高于其他行业。

3）化工企业的监管

化工企业作为特种行业，其生产过程中存在安全隐患，需要受到严格的监管。我国对化工企业的监管主要包括以下几个方面。

① 法律法规监管。我国制定了一系列涉及化工企业生产、运营和管理的法律法规，包括《化学品安全法》《危险化学品管理条例》等。这些法规明确了化工企业的生产要求、质量标准、安全管理措施等。

② 政府部门监管。政府部门对化工企业进行定期检查和监管，确保其生产经营活动符合法律法规的要求。政府还需要指导化工企业及时更新设备技术，改进生产工艺，提高生产效率，降低安全风险。

③ 行业协会监管。化工行业协会作为行业组织，定期发布行业标准和规范，对会员企业生产过程进行指导和监督。行业协会还能够协调企业间的合作与交流，促进整个行业的健康发展。

④ 社会监督。公众对化工企业的环境污染、安全生产等问题高度关注，通过舆论监督和社会监督，推动化工企业改善生产环境，提升社会责任感，避免化工相关事故的发生。

1.2 化工企业管理概述

1.2.1 管理与企业管理

(1) 管理是什么

1）管理的界定

美国现代管理学家斯蒂芬·P. 罗宾斯将管理定义为："管理是一个协调工作活动的过程，以便能够有效率和有效果地同别人一起或通过别人实现组织的目标。"这个定义强调了管理的实质是协调,在管理的过程中协调处于核心地位,并提出了管理不仅要讲求效率,而且要讲求效果。美国学者玛丽·帕克·福莱特认为:"管理是通过其他人来完成工作的艺术"。

管理是一个过程,是让别人与自己一道去实现既定的目标,是一切有组织的集体活动所不可缺少的要素。首先,管理是一个组织必需的一种特定的实践活动;其次,管理是人发挥主观能动性,采用一定的方式、方法作用于客体,以使主体规划的目标顺利实现的活动;最后,管理是有计划的,由一系列相关活动构成的动态过程。总结世界各国学者对管理的认识,管理是组织中的管理者在不稳定的内外环境之下,为了达成组织目标而将管理职能作用于管理对象(客体)的社会活动过程。

管理包含以下五个方面。

① 管理主体。管理主体就是管理者,管理者的素养与品质影响管理绩效。

② 管理对象(客体)。管理的对象就是组织中的资源或要素,其中人是最重要的管理对象。

③ 管理职能。管理的职能是计划、决策、组织、领导、控制、创新等。管理过程就是管理职能相互关联,连续进行的活动所构成。

④ 管理环境。管理的环境很多,包括内部环境与外部环境等,管理者必须依据环境状态与变化进行组织管理。

⑤ 管理目标。高效地实现或达成组织目标就是管理目标。

2) 管理职能

管理职能就是管理者实施管理行为所体现出来的具体功能和实施过程,管理学家们对管理职能认识看法不一,不同学派有不同见解。最常见的有"三职能"论,即"计划"、"组织"和"控制";有"五职能"论,即在"三职能"论基础上增加"指挥"和"协调";还有主张"七职能"论的,即增加"领导"与"人员配备"。即使职能的个数相同,但对具体职能的称谓也有不同的观点。

"指挥"和"协调"两个职能可以由"领导"职能代替,现代社会经济发展演化出的"决策"职能与计划发生关联。无论什么样的管理者,为了实现组织目标,都要履行五个职能,如图1-5所示。

图1-5 管理的五项职能

① 计划。指制定目标,并确定为达成目标必须采取的行动,计划是管理的首要职能,从明确目标着手,为实现组织目标提供保障;计划还通过优化资源配置保证组织目标实

现；计划通过规划、政策程序等制定来保证组织目标实现。

② 组织。组织主要内容包括：根据组织目标，通过分工与协作，设置相应的职位与机构，使每一职位的权责对应，以达成某种特定的目标；根据各部门的任务性质和管理要求，确定部门的工作标准、职权、职责，通过选拔、培训、开发等活动为组织各部门、各岗位配备合适人选；制定各部门之间的关系及联系方式和规范等。

③ 领导。组织目标的顺利实现，需要权威领导指导人们的行为，激励成员自觉地为实现组织目标共同努力。领导职能是一门艺术，贯彻在整个管理活动中。有效的领导要求：在合理的制度环境中，利用优秀的素质，采用适当的方式，针对组织成员的需要和行为特点，采取一系列措施去提高和维持组织成员工作积极性；授权下属使想象变为现实。领导的主要作用是指挥、协调、激励。

④ 控制。为了保证目标及为此制定的计划得以实现，就需要控制职能。控制指管理者在对组织的运行状况以及战略计划和经营计划的实施情况进行监督的过程中，识别计划的结果与实际取得的结果之间的偏差并采取纠偏行动。纠偏行动可以是采取强有力的措施确保原计划的顺利实现，也可以是对原先计划进行调整以适应当前的形势。

⑤ 创新。创新职能与上述各种管理职能不同，本身并没有某种特有的表现形式，总是在与其他管理职能的结合中表现自己的存在与价值。创新就是使组织的作业工作与管理工作不断有所革新、有所变化。

现场故事1-1

沟通的重要性

美国知名主持人林克莱特访问一名小朋友，问他说："你长大后想要当什么呀？"小朋友天真地回答："我要当飞机的驾驶员！"林克莱特接着问："如果有一天，你的飞机飞到太平洋上空所有引擎都熄火了，你会怎么办？"小朋友想了说："我会先告诉坐在飞机上的人绑好安全带，然后我挂上我的降落伞跳出去。"

当在现场的观众笑得东倒西歪时，林克莱特继续注视这孩子，想看他是不是自作聪明的家伙。没想到，接着孩子的两行热泪夺眶而出，这才使得林克莱特发觉这孩子的悲悯之情远非笔墨所能形容。于是林克莱特问他说："为什么要这么做？"小孩的答案透露出一个孩子真挚的想法："我要去拿燃料，我还要回来！"

(2) 什么是企业管理

1) 企业管理界定

企业管理是对企业生产经营活动进行计划、组织、指挥和控制等一系列活动的总称，主要指运用各类策略与方法，对企业中的人、机器、原材料、工艺、资产、信息、品牌、销售渠道等进行科学管理，从而实现组织目标的活动。

企业管理定义包括三种含义：

第一重含义是说明了管理采用的措施是计划、组织、领导、控制和创新这五项基本职能。所谓职能是指人、事物或机构应有的作用，每个管理者工作时都是在执行这些职能的一个或几个。

第二重含义是第一层含义的目的，即利用上述措施来协调人力、物力和财力方面的资源。所谓协调是指同步化与和谐化。一个组织要有成效，必须使组织中的各个部门、各个单位，直到各个人的活动同步与和谐；组织中人力、物力和财力的配备也同样要同步、和谐，只有这样才能均衡地达到多元的组织目标。

第三重含义是第二层含义的目的。协调人力、物力和财力资源是为使整个组织活动更加富有成效，这也是管理活动的根本目的。

从管理对象来分，可以将企业管理分成业务管理和行为管理。业务管理更侧重于对组织的各种资源的管理，比如财务、材料、产品等相关的管理；行为管理则更侧重于对组织成员行为的管理，以此产生了组织设计、机制变革、激励、工作计划、个人与团队的协作、文化等方面的管理。

在企业系统的管理上，企业管理可分为企业战略、业务模式、业务流程、企业结构、企业制度、企业文化等系统的管理。美国管理界在借鉴日本企业经营经验的基础上，最后由麦肯锡咨询公司发展出了企业组织七要素，又称麦肯锡7S模型。七要素中，战略（Strategy）、制度（Systems）、结构（Structure）被看作"硬件"，风格（Style）、员工（Staff）、技能（Skills）、共同价值观（Shared Values）被看作"软件"，而以共同价值观为中心。

2）企业管理的目的

企业管理作为现代商业世界的核心，是一个多维度、综合性的过程，旨在实现组织的整体效能和持续发展。在这个过程中，企业管理的目的不仅仅是为了确保企业的日常运营，更是为了塑造卓越的组织和实现可持续发展。

首先，企业管理的核心目的是塑造卓越的组织。一个卓越的组织，不仅要有高效的运营流程，还要有强大的团队协作能力，以及清晰明确的目标和愿景。企业管理通过制定和实施有效的战略，优化组织结构，提升员工能力，以及推动组织变革，从而帮助企业实现这些目标。

其次，企业管理的另一个重要目的是实现可持续发展。在快速变化的商业环境中，企业要想长久生存并持续发展，就必须关注社会、环境和经济三个方面的发展。企业管理通过制定和实施可持续发展战略，推动企业积极履行社会责任，关注环境保护，实现经济效益和社会效益的双赢。

1.2.2 化工企业管理

化工企业管理是在化工产品生产过程中，利用企业现有的资源，以合适的手段、方法来计划、组织生产，并保证生产过程的绿色、安全、文明。

(1) 化工企业管理的原则

由于化工生产自身的特点，化工企业管理必须遵循以下几条原则：

① 安全第一。在处理安全与生产的关系上，要把安全放在首要位置，优先考虑人员安全，不仅要考虑本企业的安全，而且要考虑到对社会的影响。

② 以人为本。企业的发展壮大关键因素在人，人是企业的核心，所以在生产管理的过程中既要发挥人的主观能动性，又要促使人员遵守制度，管好生产，要以人为本，在企业运营过程中高度重视人的作用。

③ 以经济效益为主线。在生产管理过程中贯彻讲求经济的原则，在生产过程中始终要紧抓经济效益主线，利用科学的方法、合理的手段，降低成本，增加效益，要根据经济状况决定生产的规模，根据市场要求来确定产品的方向。

④ 保障平稳生产。平稳生产有利于保障人力和设备的均衡付出，提高效率，降低消耗，更好完成生产运营的目标任务。

(2) 化工企业管理的内容

日常管理活动中，化工企业需要特别关注以下几个方面的管理内容：

① 以责任制为核心建立各项规章制度。规章制度是企业制定的员工在企业工作活动中的行为责任制，是各类规章制度的核心，一切责任表现为安全责任、技术责任和经济责任，责任制度必须覆盖各工作岗位，并保证制度的准确性和可操作性；其次要相互制约，企业要有检查、反馈、追踪，做到事事有人管，人人有责任，严格考核、奖罚分明。

② 成本与节能降耗管理。企业运营的目的在于获得利润，成本管理是任何企业都必须要做好的内容。节能降耗要求生产在一定的定额消耗下完成，要使生产人员明白物料消耗、能源消耗、劳动消耗等指标。

③ 企业安全管理。安全是企业有效运营、获得利润的基础，化工企业必须把安全放到第一位，员工需要了解生产过程中的安全风险以便有效控制。

④ 产品质量管理。质量是企业满足市场的核心要素，企业产品质量达不到要求就会失去市场，也就无法运营下去，员工在生产过程中必须关注质量。

⑤ 标准化管理。标准化工作是化工企业管理必须进行的一项基础工作。

⑥ 员工培训管理。生产过程必须靠企业的员工来落实，员工的培训至关重要，要对相关人员进行管理制度、生产技术和企业文化的培训。

化工企业管理的意义主要表现在以下几个方面：

① 为化工企业实际经营目标达成提供保证。产品的生产是企业最基本的活动，只有搞好生产组织，才能保证企业经营的目标，保证企业的生存和发展。

② 为化工企业安全运营提供保证。企业中大部分安全隐患都出现在生产过程中，社会发展对企业生产安全的要求也越来越高，而企业安全生产恰是由企业生产管理来提供保证的。

③ 为化工企业决策发展提供保证。化工企业管理不变的东西相对较多，生产管理到位使生产秩序稳定，企业把更多的精力投入到正确的决策和发展上。

1.3 现场、现场管理与化工企业现场管理

1.3.1 对现场的认识

2013 年 6 月 9 日，中国国家标准化管理委员会正式发布《企业现场管理准则》(GB/T 29590—2013) 国家标准，该标准的出台，为企业提供系统开展现场管理工作的方法。企业通过《企业现场管理准则》的导入与实施，建立与完善企业内部现场管理体系，增强

企业管理水平，提升企业核心竞争能力。

《企业现场管理准则》对现场的界定是：组织中提供产品与服务的场所。从"现场"一词的字面来看，包括"现"与"场"，一个是时间，强调现在与当下；一个是地点，强调场合与场所。现场具有时空两重属性。从企业运营角度来看，现场就是指企业为顾客设计、生产和销售产品或服务以及与顾客交流的地方，现场为企业创造附加值，是企业活动最活跃的地方。企业的现场基本包括了从原材料投入前的准备到产品产出（服务提供）的全过程，时刻都要按照企业的经营决策计划来对人员、设备、材料、工艺规程、场地、信息等组成的生产系统进行操作和控制，使人与物、技术与管理之间保持有机的结合，保证以最安全的方式、最低成本生产出具有特定质量水平的产品，或提供服务。由此可以认为，现场有广义和狭义两种说法。广义上，凡是企业用来从事生产经营的场所，都称之为现场，如厂区、车间、仓库、运输线路、办公室以及营销场所等。狭义上，企业内部直接从事基本或辅助生产过程组织的场所，是生产系统布置的具体体现，是企业实现生产经营目标的基本要素之一。狭义上的现场也就是一般大家默认的生产现场，就是从事产品生产、制造或提供生产服务的场所，这就是标准中所说的"现场"。

"现场"指的是"实地"，即实际发生行动的场地。对企业来说，是能满足顾客要求的活动场所。我国的工业企业习惯把生产现场称为车间、工场或生产第一线。

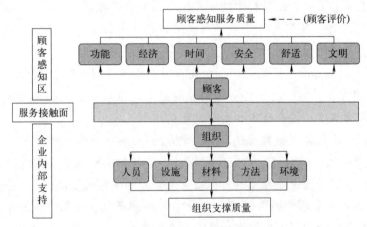

图 1-6　企业生产与服务过程

由于生产与服务提供过程具有不同的特征，如图 1-6 所示，而生产又分为离散型生产与流程型生产，因而就有离散型生产现场、流程型生产现场与服务现场三种类型。化工企业属于流程型生产，现场所具有的特点如下：

① 生产过程持续不间断；

② 生产设施地理位置集中；

③ 生产过程自动化程度高；

④ 生产过程一般不可逆转；

⑤ 生产过程中协作与协调活动较少；

⑥ 由于生产过程高温、高压、易燃、易爆等特点，生产系统的可靠性与安全性要求高。

1.3.2 认识现场管理

(1) 现场管理的定义

现场管理是指运用科学的管理思想、方法和手段，对现场的各种生产要素，即人（操作者、管理者）、机（设备、工用具）、料（材料、配件等）、法（地测方法、开采工艺、检测方法）、环（环境）、信（信息）等，进行合理配置和优化组合，通过计划、组织、控制、领导、创新的管理职能，保证现场按预定的目标，实现优质、高效、低耗、均衡、安全、经济的生产作业和系统运行。

20 世纪初，美国管理专家泰勒就把生产作业现场的管理当作企业科学管理的重点，此后的发达国家对现场管理的研究与对现场实际提升、改善问题的研究、实践从来没有中断过，我国在对企业整顿过程中提出的文明生产、建设文明的生产现场，也是在现场管理方面的实践。

现场管理与现场要素相关，涉及三个方面的内容：

① 现场是否存在与价值创造无关的要素——要素合理；
② 现场价值创造要素位置与数量的要求——要素有序；
③ 现场价值创造要素状态与要素的结合——要素状态。

任何化工企业现场管理的核心都是通过对人的管理，实现规范化管理、标准化管理、自动自发管理。只有实现标准化，才能提高效率、效用，这是管理和管理者最根本的目的：

① 基层员工行为规范化；
② 岗位员工操作规范化；
③ 要素与过程质量标准化。

优化现场管理是企业整体优化的重要组成部分，是现代化大生产不可缺少的重要环节，是企业技术进步和实现企业管理整体优化的需要。优化现场的目的在于：

① 规范现场价值创造的要素；
② 提高现场价值创造的效率；
③ 消除现场价值创造的风险；
④ 提升现场价值创造的品质；
⑤ 锻造企业价值创造的机能。

以上五个方面涉及现场管理的三项系统化活动内容，这就是现场管理的策划、过程控制与改进。现场管理的策划就是企业依据现场的类型，选择适合的现场作业组织形式、匹配对应的价值创造资源、设计现场管理的各项活动，这就涉及现场的要素、要素组合方式、管理的资源配置；现场管理的控制就是对各项现场活动的控制，以达成价值创造的目标，这就涉及要素状态、要素连接或结合状态；现场管理的改进就是根据现场管理改进的要求，通过分析现场管理过程中的数据与信息，寻求改进机会，这就要求行为的标准化、规范化、制度化等。实际上，现场管理的三项活动无不与要素以及状态关联，体现出价值创造的市场化要求。

(2) 现场管理的要素与内容

1) 现场管理的要素

企业的产品生产或服务提供过程很简单，就是一个输入输出的转换过程，需要关注三个方面：输入、过程与输出。

从输入角度来看，需要关注企业生产的人、机、料、法、环、信息等要素。

① 人作为输入的要素，主要需要考虑的是精神状态、身体素质等，关注人的专业素养与能力，人力资源管理所要考虑的问题是如何把人的积极性、能动性调动起来，有效、高效地配置与使用企业人力资源；

② 从设备角度来说，怎么确保设备总是处于最佳状态；

③ 料、法、环、信息等，需要确保输入的质量与状态，使得输入要素总是处于价值创造的最佳状态，这也是现场对投入要素的基本要求，需要进行人力资源管理、设备管理、环境管理、物料管理、信息管理、工具方法与工艺管理。

从输出角度来看，关注产品与最终的结果。不管是最终市场需求的满足，还是生产过程的中间环节的满足，总是需要把产品与服务转入下一环节、阶段，所以需要站在客户的角度来审视各个阶段的产品与服务，从客户角度、在客户需要的时间内提供所需数量的合格产品或满意服务。

2) 现场管理的内容

生产现场包括人员、设备、工装、物料、能源、工作方法、工作场地、环境与信息等要素。只有按照一定的目标和要求把这些要素有效地结合起来形成动态的生产过程，才能完成加工转换的功能，生产出合格的产品，提供符合客户要求的服务，并不断提高劳动效率，降低消耗，提高经济效益。

针对现场的要素，现场管理的内容应包括以下各个方面。

① 现场生产组织管理。包括现场生产组织形式的确定及改善，生产作业计划的编制，现场生产调度、生产进度的统计分析等。

② 现场技术工艺管理。包括技术图纸，工艺文件及工艺规程执行情况的检查、考核，工艺流程的确定，工艺的改革以及技术改革等的管理。

③ 现场质量管理。包括现场质量把关、检测控制及质量保证体系的运行、现场文明生产的组织实施等等。很多资源开采类企业的现场质量强调的是现场工作质量与文明生产等。

④ 现场设备管理。包括设备的维护、保养、修理和设备的合理利用、安全操作等等。

⑤ 现场物料管理。包括一切生产用材料、辅料、备品配件、产品和工具、夹具、工装模具、刃具、量具、器具、料架、监控设施等以及其他非生产用的物品的管理。

⑥ 现场劳动管理。包括劳动力的调度和安排，劳动定额的修订、实施，劳动技能的训练和提高、劳动纪律的执行等等的管理。

⑦ 现场安全管理。包括安全纪律、安全设施、安全操作、防尘防毒、防火防汛以及防暑降温等管理。

⑧ 现场环境管理。包括厂房、场地、通道、作业区域、作业环境、厂容厂貌、通风、照明、色标等的管理。

⑨ 现场成本管理。包括生产批量（产量进尺）的确定、生产周转速度的加快、材料定额和工时定额的执行（企业的消耗定额）、控制、统计与分析、材料配件的合理利用、节约节能工作的开展等等。

⑩ 现场信息管理。包括生产过程信息、统计信息、现场环境状态信息、指令与要求等的传递、管理。

3）现场管理三个层面的要求

现场管理有很多输入输出的要素，管理的内容较为复杂，现场需要解决不同问题，达成不同的目标。可以把现场管理分为三个层面：体系层面、管理层面和作业层面。从不同的层面出发，现场管理的目的都不一样。

从现场体系层面上看，现场管理的目的是实现现场的全面优化和系统优化；从企业管理层面上看，现场管理的目的提高企业形象、提高企业素质、提高企业管理水平、提高企业利润等；从现场作业层面上看，现场管理的目的是解决现场实际问题、改进现场管理工作、实现现场目标等。

一般认为，现场管理是通过解决现场问题、实现现场目标来提高企业形象、提高企业利润，最终实现现场的全面优化。从企业实际应用来看，国内外现场管理都只是偏重现场作业层面，很少有将现场管理放在企业层面上的，更少有放在体系层面上的。这是现场管理得不到彻底改善的一个根本原因，这在客观上需要企业在现场管理方面也应具有一定的战略思维和体系观念。

(3) 现场要素的状态

现场管理的要素归纳起来无非就是人、物（机器设备、材料配件、产品等）、场所三种，这三种要素的状态与结合状态就构成现场管理的水平。

1）现场三大要素的状态

① 人的三种状态。人的生理、心理、情绪会有一个周期性的变化。科学家研究证实，人自出生开始，就存在一个自动的生理曲线。人每23天是一个体力周期，每28天是一个情绪周期，每33天是一个智力周期。根据这种变化，可以把人的状态分为以下三种。

第一，A状态。指人本身的心理、生理、情绪均处在高昂、充沛、旺盛的状态；技术水平熟练，能够高质量地连续作业。

第二，B状态。指需要改进的状态，人的心理、生理、情绪、技术这四个要素，部分出现了波动和低潮状态。

第三，C状态。指不允许出现的状态。人的四个要素均处于低潮，或某些要素如身体、技术居于极低潮等。

② 物的三种状态。根据物的放置，可以将物的状态分为三种：

第一，A状态。A状态是指物的放置处于人和物立即结合的状态，就是需要的物随手可取，不需要的可以随时转换。

第二，B状态。B状态是指物的放置要想和人结合，需要经过寻找和转换。A、B两种状态是以人为界限来划分，是把物与人结合的紧密程度作为衡量标准。在现场，不可能将所有的物品都变为A状态，需要有一些物品处于B状态，比如货架和仓库的物品就是B状态。

第三，C 状态。C 状态是指物处于不需要和人结合的状态。人既然不要物，那么物就应该被清除掉。这就包括废弃物、垃圾、边角余料和现场不需要的物品，哪怕它是有用之物，比如冬天不需要使用的电风扇，或者封存的机床等。

③ 场所的三种状态。场所也有三种状态，如表1-2所示，它们分别是：

第一，A 状态。场所的 A 状态是指有良好的作业环境。在现场工作中，工作的面积、通道、加工方法、通风设施、温度、光照、噪声、粉尘、人的密度等等，所有这些都能满足人的生理和心理需要。

第二，B 状态。B 状态是指需要改进的场所环境，比如某些环境能满足生产的要求，却不能满足人的要求，这样的场所就需要改进。

第三，C 状态。C 状态是指现场的环境既不能满足人的生理和心理的需要，又不能满足产品加工的需要，那就应该通过彻底的改善来消除这种状态。

表 1-2 现场三要素的三种状态与结合

要素	A 状态	B 状态	C 状态
场所	指良好的作业环境。如场所中工作面积、通道、加工方法、通风设施、安全设施、环境保护（包括温度、光照、噪声、粉尘、人的密度等）都应符合规定	指需不断改进的作业环境。如场所环境只能满足生产需要而不能满足人的生理需要，或相反。故应改进，以既满足生产需要，又满足人的生理需要	指应消除或彻底改进的环境。如场所环境既不能满足生产需要，又不能满足人的生理需要
人	指劳动者本身的心理、生理、情绪均处在高昂、充沛、旺盛的状态；技术水平熟练，能高质量地连续作业	指需要改进的状态。人的心理、生理、情绪、技术四要素，部分出现了波动和低潮状态	指不允许出现的状态。人的四要素均处于低潮，或某些要素如身体、技术居于极低潮等
物	指正在被使用的状态。如正在使用的设备、工具、加工工件，以及妥善、规范放置，处于随时和随手可取、可用状态的坯料、零件、工具等	指寻找状态。如现场混乱，库房不整，需用的东西要浪费时间逐一去找的零件与工具等物品的状态	指与生产和工作无关，但处于生产现场的物品状态。需要清理，即应放弃的状态
人、物、场所的结合	三要素均处于良好与和谐的、紧密结合的、有利于连续作业的状态，即良好状态	三要素在配置上、结合程度上还有待进一步改进，还未能充分发挥各要素的潜力，或者部分要素处于不良好状态等，也称为需改进状态	指要取消或彻底改造的状态。如凡严重影响作业，妨碍作业，不利于现场生产与管理的状态

2）人与物结合的三种基本状态

第一，A 状态。人与物处于能够立即结合并发挥效能的状态，A 状态是人与物结合的最佳状态，成本最低，效率最高。

第二，B 状态。人与物处于寻找状态，或尚不能很好发挥效能的状态。

第三，C 状态。人与物失去联系的状态。

现场要素结合的状态见表1-2。凡是"一切不产生附加价值的活动都是无效的活动"。理想的作业应该是使作业完成的时间最短和重复次数最少，最终目标是消除非增值作业、提高增值作业的效率。

(4) 现场管理的三个层级

从表1-2中可以了解到，由于人、物与场所的接合状态不一样，现场管理就显示出不一样的水平，可以根据现场人、物与场所结合的状态把现场管理分为三种层次：卓越现场管理、一般现场管理、低层现场管理。现场管理三个层级的含义标准与要求如表 1-3 所示。

表 1-3 现场管理的三个层级的内涵与现象

层级	要求	标准	特点	现象
卓越现场管理	消除精益管理所提出的七种浪费，零事故、零缺陷、零浪费、零故障	干净、整洁，"对"与"错"一目了然，具有不断改进、追求高效的制度、机制，管理者、操作员工有成就感，也就是人、物、场所处于最佳结合状态	把 5S 当作现场有效管理的基础，通过 TPM、TQC、价值工程、精益管理等追求最大化的价值创造	• 制度与机制确保人、物、场所有效结合 • 注重透明管理 • 注重员工素养形成 • 强调标准制定与落地 • 强调持续改善
一般现场管理	确保安全状态下生产出符合质量要求的产品，或提供满意的服务，事故率、故障率、不良率较低	干净、整洁，"对"与"错"一目了然，制度、标准明确，但人、物状态以及三种结合处于需提升状态	强调现场管理的有效性	• 照搬标准与管理 • 物与人的状态处于B级水平 • 有一定制度、标准基础，但落地程度不够 • 5S 管理做得不扎实
低层现场管理	有活动结果就可，例如生产出产品、提供服务等	环境较为零乱，人、物、场所处于需改善、提升状态，通道、物品放置等有较大问题，标准、制度、机制缺失	把现场管理当作一项额外的活动，只强调工作本身，忽视环境与要素状态	• 现场混乱 • 制度难落实 • 处罚较多 • 员工状态不佳 • 非安全环境

1.3.3 化工企业现场管理的特点

任何企业的现场管理都是一种综合、动态性管理，如图 1-7。

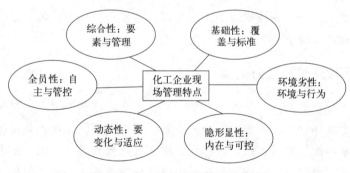

图 1-7 化工企业现场管理的特点

对于连续、流程型的化工企业来说，生产密闭连接，管网复杂，生产现场更有特点。

① 综合性。企业生产现场是人、机、料、法、环、信息等诸生产要素的结合点，也是生产、技术、质量、成本、物资、设备、安全、劳动、环境等各项专业管理的落脚点，更是半成品、成品的转换场所。因此，任何企业的现场管理都具有十分鲜明的综合性，具有纵横交错的立体式综合性管理特征。

② 基础性。企业生产现场是生产产品的地方，也是价值创造的场所，无论什么样的

现场都属于作业性质的基层管理，而基层管理离不开标准、定额、计量、信息、原始记录、规章制度等基础工作，充分体现了现场管理的基础性。

③ 动态性。企业作业现场各生产要素的配置是在一定的生产技术组织条件下，在投入与产出的转换过程中实现的，这是一个不断变化的动态过程。尤其是当生产作业环境发生变化，生产工艺与作业方式也需要变化。

④ 全员性。现场管理的核心是人，现场的一切活动都要由人去掌握、操作、完成。这就要求与生产现场有关的所有员工参与管理，而且必须主动参与到企业日常管理活动中，实行自我管理，自我控制。流程型化工企业是资本与技术密集的行业，要求每一位现场员工具有良好的专业技术能力与工作心态。

⑤ 隐性与显性结合。一方面化工企业的现场是输入输出的结合点、转换点，必须把这个转换过程置于可控过程，把握生产过程中的问题，以便于资源支持，但化工企业生产过程是在高压高温容器内进行，生产转换过程只能通过外在的仪器仪表进行观察，需要通过量表监测了解生产过程中要素的状态以及产出物的状态，随时随地进行控制；另一方面通过化工企业现场来综合反映企业的素质，企业各方面素质优劣在现场均处于"曝光"状态。换句话说，化工企业生产现场是生产过程的隐性与部分现场要素的显性的结合，问题较不易暴露，必须通过员工专业素养、技能以及仪器仪表把生产过程的隐性变为尽可能的显性。

⑥ 环境劣性。环境劣性体现在以下几个方面：

一是化工企业往往安全风险高，生产现场常涉及危险化学品的储存、生产和运输，一旦发生安全事故，可能造成严重的人员伤亡和环境污染；

二是工作环境恶劣，化工企业现场通常存在噪声、污染和高温等环境恶劣的问题；

三是员工职业健康存在问题，化工企业现场工作中接触有害物质的机会较高，容易导致职业病和长期健康问题；

四是工作强度大，化工企业现场工作需要对设备进行操作和监控，工作强度大，工作时间长，容易导致员工身心疲惫。

1.3.4 企业现场管理的三力模型

化工企业现场管理涉及人、机、料、法、环等要素，这些要素怎么发挥价值创造的功能与作用，是整个现场管理要处理的核心。不管是什么类型的企业，其现场管理的关键在于现场要素、要素匹配与要素连接，目的在于提升现场要素的状态以及要素连接状态，现场管理的结果就是运营安全、环境、健康、质量符合要求基础上的价值创造。企业现场管理的主要内容包括三大板块：现场要素、现场活动内容、现场持续改进方法（5S管理），通过现场三力模型把企业现场管理的三大板块内容连接起来。

第一，现场管理如何提升五要素的状态，使要素状态力最佳最大，而提升要素状态力需要员工士气与技能提升、确保设备维护保养、确保物料位置与状态最佳等，这就需要现场培训、设备养护、5S管理等方式方法。

第二，现场各类要素如何最有效地结合，使各要素的结合状态最佳，这是一种要素链接与匹配的力量，需要现场员工尤其是班组长具有很强的专业技能，熟悉现场价值创造活动的方法与工艺，确保最佳价值创造的环境等，一个重要的内容是提升现场员工连接要素的专业技能与水平。

第三，现场管理者如何管控现场的各种要素，确保要素状态力、连接力、匹配力达到最佳。所以现场如何发挥要素最大价值创造能力，需要提升现场的要素状态力、要素连接力与要素管控（匹配）力。其中，要素状态力与要素连接力是结果，要素管控力是过程，具体内容见表 1-4。

表 1-4 现场管理的三力模型的内容

名称	内容	提升方式	行为对象
要素状态力	要素状态力量最佳最大，而提升要素状态力量需要员工士气与技能提升、确保设备维护保养、确保物料位置与状态最佳	现场培训、设备养护、5S 管理等	现场全体员工
要素连接力	各类要素如何最有效地结合，使得各要素的结合状态最佳	专业培训、现场培训、5S 管理	现场全体员工
要素管控力	管控现场的各种要素，确保要素状态力与要素连接力达到最佳	专业培训、管理培训	现场管理者如班组长等

本章小结

本章首先从化工行业的演化过程入手，分析了化工行业的分类以及化工行业三种划分的产业链，对什么是企业进行分析，探讨化工企业的认定标准与监管；其次，对管理、企业管理以及化工企业管理的相关内容进行分析，明确管理的目的与化工企业管理的原则、内容；最后，对现场、现场管理、化工企业现场管理进行界定分析，明确什么是现场与现场管理，了解现场管理的要素、要素状态、现场管理的层级以及提出现场管理的三力模型。

复习思考

1. 阐述化工行业的演化过程。
2. 分析以原料为基础划分的与以应用场景划分的化工产业链。
3. 简要阐述什么是企业以及现代企业的特点。
4. 企业管理的内涵是什么？化工企业管理的基本原则是什么？
5. 如何认识化工企业的现场？与服务业现场有什么差异？
6. 如何认识现场管理？现场管理的要素包含哪些？如何认识现场管理要素状态？
7. 阐述现场管理的三力模型的基本内容。

讨论案例

某汽车制造企业现场改善

某汽车制造企业决定进行一次大规模的生产线改造以提高效率和降低成本，然而在改造过程中发现现场管理非常混乱。为解决这一问题，企业决定引入先进的现场管理方法。

① 分析现场问题。在改造前期,该企业派遣专业团队对现场进行了全面分析。通过仔细观察和与工作人员交流,他们确认了现场存在的一些问题:工作时间不规范、物料摆放混乱、工作流程不清晰等。这些问题导致了工人之间的协作困难,严重影响了工作效率。

② 制定现场管理计划。基于对现场问题分析,企业制定了详细的现场管理计划。首先,明确目标,即提高工作效率和质量;然后确定应对措施,包括制定规范的工作时间表、优化物料摆放方案以及规范工作流程等;最后,建立评估机制,定期对现场管理检查和评估。

③ 实施现场管理方案。在现场管理方案制定完成后,企业组织了培训和沟通会议,以确保所有工作人员理解并遵守新的管理规范。他们安排培训专家对工作人员进行培训,提高他们的业务水平和管理意识。此外,他们还建立了一个跨部门沟通机制,以便更好地协调各个环节之间的工作。

④ 监控和评估。为了确保现场管理方案的有效实施和持续改进,企业建立了一套监控和评估机制。他们设置了现场监控团队,负责对现场管理情况进行实时监控和反馈。团队定期召开评估会议,评估管理效果,并根据评估结果对方案进行修正和优化。

⑤ 效果和总结。经过一段时间的实施,公司显著改善了现场管理情况。工作时间得到了规范,工人之间的协作效率提高,物料摆放更加有序,工作流程更加清晰。这些改进不仅提高了生产效率,也提高了产品质量,进一步优化了公司运营成果。

通过以上案例,我们可以看到现场管理对企业的重要性。通过细致的分析、科学的计划、有效的实施和持续的监控,可以有效改善现场管理,提高工作效率和质量。企业应重视现场管理,不断探索适合自身情况的管理方法,并将其落实到实际工作中,以实现更好的运营效果。

讨论题:

1. 该企业现场管理包括哪些活动形式?现场过程监控体现在哪些活动中?
2. 请分析该企业现场管理的要素以及要素状态。
3. 结合案例探讨如果现场出现问题,怎么找到这些问题?

第2章

化工企业现场要素管理

学习目标

- 了解现场对员工的要求与对班组长的要求，把握现场班组组织建设要求
- 把握企业现场工作计划的主要内容，把握企业现场培训的方式
- 了解企业物料管理内容以及现场物料管理的内容
- 了解化工企业物料管理的过程与内容，了解危化品使用管理
- 把握化工设备的类型，掌握化工设备管理的内容与模式，了解 TPM 设备管理模式
- 把握现场问题的来源以及问题解决的步骤与方法

知识结构

化工企业现场要素管理
- 化工企业人员与班组管理
  - 现场对员工与班组长的要求
  - 现场班组建设要求
  - 班组工作计划的内容
  - 班组生产准备的内容
  - 班中检查与班后管理
  - 企业现场培训的内容与方式
- 化工企业现场的物料管理
  - 物料管理的内容
  - 物料管理的价值
  - 企业现场物料管理的内容
  - 化工企业物料管理的内容
  - 危化品使用与管理
- 化工企业现场的设备管理
  - 化工静设备与动设备
  - 化工设备管理的问题
  - 化工设备管理的基础工作
  - 化工设备管理模式
  - TPM设备管理概念
  - TPM的五大要素与推进步骤
- 化工企业现场的问题管理
  - 现场问题的形成
  - 现场问题的识别
  - 现场问题解决的步骤
  - 现场问题解决的方法

引导案例

某电梯装潢公司生产产品交货期延误状况

某电梯装潢公司在 20 世纪 70 年代还是乡镇企业，2005 年已经发展为大型民营集团公司。由于产品技术处于国内领先地位，众多大型电梯企业产品订单纷至沓来，公司生产难以应付客户订单，销售人员只能到装配车间现场催交货物，经常出现迟交产品，客户的不满声源源不断。为了解决生产滞后销售的状况，提高在客户中的声誉，特聘请企业管理公司进行生产管理咨询工作。咨询师到了企业，通过深入了解，发现公司许多情况：销售人员与生产计划沟通少，造成下单时间紧迫，生产协调会也难以协调出货时间，解决生产上出现的问题；生产计划只有粗框条，没有按交货时间分解到每个产品每道工序的完成时间；加工、装配车间员工干好干坏一个样，车间、班组、工序之间配合作业能力差；生产产品质量不能保证，不合格产品和零部件在车间内和厂区通道上到处可见；装配车间工具箱物品随处摆放，地上垃圾到处都有；墙壁处电器插座头部裸露等。咨询师知道这些问题后，你觉得他应该如何办？

化工企业现场管理的要素包括人、机、料、法、环等内容，其中核心的要素是人，后面的要素只有依靠人才能发挥作用，为企业创造价值。

本章主要分析化工企业现场管理的人、机、料三种要素，并增加现场问题作为一个要素，法、环两个要素融入其他要素与内容中进行分析。

企业价值创造的核心在现场，现场价值创造的关键是要素、连接与状态，这就涉及到现场的三种力量，一是要素状态力，二是要素连接力，三是要素管控（匹配）力，这些力量一方面体现在人员管理、班组建设、素质提升、设备维护、材料检测养护上，另一方面体现在标准化建设、岗位职责、任务配置上。

2.1 化工企业人员与班组管理

现场人员管理的关键在于建立一个高绩效的班组，班组长的作用至关重要。

2.1.1 化工企业班组建设要求

(1) 现场对员工的要求与对班组长要求

1) 员工要求

① 安全责任意识。化工企业现场的员工接触的一般都是有毒有害的危险化学品，使用、操作不当很可能造成中毒、火灾、爆炸等恶性事件。化工企业新员工入职的安全教育"四不伤害"就是安全责任意识教育，不伤害自己、不伤害他人、不被他人伤害、保护他人不受伤害。

② 专业技能和工作态度。员工必须了解岗位工作的工艺流程及参数、设备原理、开停操作及常见故障的判断，了解本岗位介质的物理、化学性质对人体和环境的危害，具有很强的专业技能与虚心学习、严谨工作的态度。

③ 沟通技能。员工应该掌握工作现场要求的一切有关安全、环保、健康方面的法律

规范，具有团队和协作意识。

④ 行为规范。员工应该消除一切坏的习惯，确保个体行为符合企业操作规范与管理规范要求。

对于员工来说，必须传承一种工匠精神，提升专业素养，精益求精，具有理想信念、爱国主义、集体主义、政治认同、家国情怀、法治意识、社会主义核心价值观等，在提升自身专业素养的基础上，不断强化自身的精神修养，规范自身行为，为他人、为团队、为社会考虑，消除恶习与马虎的不良行为。

 现场故事2-1

小和尚剃头

一个刚入佛门的小和尚跟老和尚学剃头，老和尚让小和尚先在冬瓜上练习手法，等熟练之后再给人剃头。小和尚每次练完后，就随手将剃刀"噌"地一下插在冬瓜上。老和尚多次劝说他不要养成这种坏习惯。小和尚说："没事，冬瓜又不会疼，将来给人剃头我就不这样做了。"终于有一天，小和尚觉得本事差不多了，就单独出去给人剃头，剃完头要去取洗头水的时候，就顺手将剃刀"噌"地一下插了进去。马上想到不对，今天可不是冬瓜呀，但已经晚了。

2）班组长要求

化工企业对于班组长的要求更高，主要表现在以下几个方面：

① 工作思路清晰。思路是班组长开展工作的前提，没有清晰的工作思路，班组就处于混乱状态，就会成为没有竞争力和活力的班组。制定一个清晰、科学、明了的工作思路是班组做好每项工作的保证。

② 团队协作和沟通能力强。高强度的工作环境中，团队协作和有效沟通至关重要。班组长可以在班组内部建立一个良好的沟通机制，确保班组成员之间的信息流畅和协作配合。此外，定期组织班组会议和讨论，以便班组全员了解整体进展和任务安排。

③ 相关专业技能强。现场出了问题要能马上找出根源，并且能对班组员工进行现场技能的培训；对于现场出现问题能尽快解决，通过自己熟悉的现场操作技能、经验提高班组整体专业技能。

④ 管理能力与承压能力较强。班组人员思想状态与现实状态要求差异很大，怎么把班组员工聚拢，确保班组员工状态最佳，需要班组长具备一定的管理技能。同时化工企业高强度的工作环境容易带来工作压力，班组长需要为班组员工提供必要的支持和资源，以管理和缓解工作压力。

⑤ 安全意识与质量意识较强。化工企业生产现场非常容易出安全问题，班组长一定要重视安全，具有安全意识，这样才能让整个班组重视安全，杜绝发生安全事故。班组长还必须具有质量意识，确保产品品质符合市场需要。

⑥ 优化工作流程的能力。优化工作流程可以提高工作效率，减少班组在任务处理中的错误和延误。班组长必须善于带头，并鼓励员工思考和改进工作流程，减少重复劳动、提高自动化程度和优化资源。

⑦ 角色认知方面的"桥梁"作用。班组长是"兵头将尾"，在领导面前是兵，在班组

中是将，有承上启下的作用，是上下连接的"桥梁"。一方面要加强与领导的联系，另一方面要关心员工。既要把领导的管理意图和生产任务很好地传达、分配到班组每一个员工，同时还要收集每个员工反馈的信息给领导。

(2) 企业班组建设要求

化工企业必须建设好班组，这是现场管理的基本要求。

① 明确班组目标计划。按照企业或部门下达到本班组应担负的各项安全、生产、经营指标，结合班组的实际情况制定目标和完成目标的具体措施，制定本班组月、周工作计划并按计划完成，未完成应有说明或分析。

② 明细员工岗位职责。细化并建立健全班组岗位责任制，明确工作分工和班组日常管理，确定班组成员的岗位职责、权限和任务，使班组成员熟知本岗位职责内容，同时保证各岗位每项工作都能找到明确的责任人。

③ 搞好班组制度建设。严格执行企业、部门的各项规章制度，并结合班组实际情况订立班组日常管理制度，包括劳动纪律、奖惩条例、安全管理、绩效考核等，使班组的各项规章制度、管理标准、工作标准、统计台账等管理基础工作，都能做到制度化、标准化、分级管理、分工负责、严格考核。

④ 有效班组区域管理。

一是细化责任区域，责任到人。责任人对所负责区域做到安全负责、设备负责，责任负责的原则。

二是相关区域的维护、检修等记录台账要明确负责人。

⑤ 有效开展班组的班务管理。

一是建立人员出勤情况记录，记录齐全，与实际相符；

二是班组管理分工明确，各项班务管理项目分工到人；

三是有班组考评、奖惩、先进评选等规定，包括考核指标、内容、方法等。

⑥ 开展班组技能培训。

一是班组成员按企业岗位培训内容进行，培训情况与员工绩效有机结合；

二是熟悉本班组每一作业项目的管理标准、使班组成员达到标准化作业，并做好对应的记录内容；

三是实行岗位轮换制度，熟练掌握本班组各岗位的技能，了解本班组的作业要求；

四是班组有培训计划，按计划实施，相关记录要齐全；

五是组织好"以老带新"，及时考评。

⑦ 严格进行班组考核评比。

一是进一步细化班组量化考核方案，建立科学的量化考核标准，严格班组绩效考评；

二是班组考评结果作为员工月度绩效依据，提升班组成员的集体责任感和荣誉感；

三是给予绩优员工鼓励和奖赏，长期落后的班组成员给予惩罚并予以制定提升目标和计划，使其及时改进。

⑧ 完善各类记录管理。

一是制定详细的班组记录分工，实现班组记录专人负责；

二是制定班组各种记录存档要求，将各项记录汇编，明确时间及分工。

⑨ 开展班组团队文化建设。班组团队建设活动是借助各种各样的集体活动形式，通过成员之间的互动交流、共同娱乐、沟通协作实现班组成员和谐共处、增强团队凝聚力、提高员工的综合素质。

2.1.2 化工企业现场工作计划与执行

(1) 现场工作计划的主要内容

班组工作计划包括哪些内容，如何编制？可以考虑以下几大要素。

① 工作内容——做什么，即工作目标、任务。班组工作计划应规定在一定时间内所完成的目标、任务和应达到要求。任务和要求应该具体明确，有的还要定出数量、质量和时间要求。

② 工作方法——怎么做，即采取的措施、策略。要明确何时实现目标和完成任务，就必须制定出相应的措施和办法，这是实现计划的保证。措施和方法主要指达到既定目标需要采取什么手段，动员哪些力量与资源，创造什么条件，排除哪些困难等。总之，要根据客观条件，把"怎么做"写得明确具体。

③ 工作分工——谁来做，即工作负责。这是执行计划的工作程序和时间安排，每项任务，在完成过程中都有阶段性，而每个阶段又有许多环节，它们之间常常是互相交错的。订计划必须胸有全局，妥善安排，哪些先干，哪些后干。实施当中，要有轻重缓急之分，哪是重点，哪是一般，都应明确。在时间安排上，要有总时限，又要有每个阶段的时间要求，以及人力、物力的安排等。

④ 工作进度——什么时间做，即完成期限。把工作进度把握好，可以使工作有条不紊地开展。

现场故事2-2

一个伐木工人的故事

有一个工人在一个伐木厂找到了一份不错的工作。

上班第一天，老板给了他一把斧子，让他到人工种植林里去砍树，这个工人卖力地干了起来。一天时间，他不停地挥舞斧子，一共砍倒19棵大树。老板满意极了，夸他干得不错。工人听了很兴奋，决定更加卖力以感谢老板的赏识。第二天，工人拼命工作，腿站久了又酸又疼，胳膊更是累得抬不起来，可是这样拼命，却没有带来更好的结果。他觉得自己比第一天还要累，用的力还要大，可第二天却只砍倒了16棵树。工人想也许我还不够卖力，如果我的成绩一直下降，老板一定会以为我在偷懒，所以我要更加卖力才行。第三天，工人投入了双倍的热情去工作，直到把自己累得再也动不了为止，可他只砍倒了12棵树。

工人是个很诚实的人，他觉得太惭愧了，拿着老板给的高薪，工作却越来越差劲。他主动去向老板道歉，说明了自己的工作情况，并检讨说，我真是太没用了，越卖力干得越少。老板问他："你多久磨一次斧子？"工人一听愣住了，他说："我把所有的时间都花在砍树上了，哪里有时间去磨斧子啊？"

埋头苦干是很好的做事态度。可是，这并不意味着只要我们花上大量的时间，事情自然就会解决。实践告诉我们：不是不做事，也不是只做事，而是要注意做事的方式和方法。

(2) 班组的班前会

班前会是班组长根据当天的生产工作任务，结合本班组的人员、物力和现场条件等，在工作前召开的班组重要会议，是班组安全管理的重要支柱。

1) 班组班前会的目的

召开班前会的目的是完成员工工作状态确认、员工的教育指导以及做好生产信息和上级文件精神等信息传递，避免信息交接疏漏导致对安全生产造成影响，是召开现场班前会的主要目的。

① 员工工作状态确认。由于下班短暂的休息，现场员工难免停留在一种"散乱无序"的非工作状态：思想松弛、注意力不集中。因此，班前会召开的第一个目的就是员工工作状态的检查确认，通过班前会的仪式感让员工迅速收心、归位，让员工的身体和心理都迅速进入工作状态。

② 员工教育和指导。班前会是日常工作中召开频率最高、参与人员最广的会议。班组长可利用班前会对员工进行日常安全教育和应知应会、操作技能指导。持之以恒就能加强员工的安全意识、提升员工的安全技能。

③ 生产信息和上级文件精神传递。班前会是上令下达的一种重要途径。上班生产信息、上级文件精神、企业动态、业务信息以及管理要求等信息，班组长都可以利用班前会向员工传递，从而使员工完全知悉上一班出现的问题、本班应该注意哪些事项和针对性的安全措施等。

2) 确立班前会的流程与内容

① 当班班长排查当班员工的出勤情况、员工的精神状态、劳保护具穿戴和准备情况；

② 上一班班长介绍上一班安全生产、设备运行、工艺纪律、产品质量、调度指令执行等各种情况；

③ 值（带）班技术管理人员提具体的工作要求；

④ 当班班长布置本班次工作任务和安全工作要点，对关键安全步骤进行安全风险分析评估、强调针对性的安全措施及具体要求；

⑤ 当班班组长和安全员组织学习上级文件、安全管理制度和安全操作规程。

(3) 班组生产准备

1) 生产技术准备

① 需要准备的生产技术文件，包括控制计划、作业指导书、图样、工艺标准、各种报表等有关生产技术文件和资料，如工艺设计、劳动定额与材料消耗定额资料等，做到齐全、完整、配套。

② 受控文件的准备过程是按需求领取足够数量文件，登记后分发给生产线；把文件放置在使用者易于查阅的地方，如作业指导书悬挂在工位的正前方；控制计划放置在拉头的管理台上；报表放置在使用者易于拿取的地方；记录报表放置在操作员的工作台上。准备的受控文件须妥善保管，不可以随意复制、丢失和损坏，并在用完后及时归还。

③ 组织员工结合自己的工作，研究工作事项与技术文件，掌握技术要领。

④ 落实安全技术操作规程，明确检验方法，准备检验工具，提前做好检验。

2) 物资准备

① 把所需的各种工装器具、量具用表准备齐全，领送到班组的工作场所，按规定摆放在指定位置；

② 检查调整好生产设备，使其保证达到满足生产工艺所要求的技术状态，活动设备还要提前在生产施工现场摆放好；

③ 按生产作业计划要求和使用的先后顺序，把所需物料如数领送到班组的工作场所，放在指定位置，并进行抽检，看是否符合质量要求；

④ 检查水、电、管网、通路、信息等，保证正常、畅通。

3) 组织准备

① 按作业计划要求，事先做好人员配置，保证班组工种之间、工序之间人力匹配，要求分工清楚、明确职责并搞好人员培训等；

② 确定生产班次，落实岗位责任制，明确班组长的任务，规定统计报表和原始记录的传递路线和时间，建立各种管理制度等。

4) 生产秩序和环境准备

① 现场秩序。现场秩序包括劳动纪律、工作风气、人员面貌和素质等内容，管理的目的就是一方面要确保员工能够按企业的制度规范进行作业；另一方面促使员工积极、主动地维护工作秩序。

② 倡导自主管理。所谓自主管理就是要求员工以自己管理自己的心态处理工作事项，并及时报告发现的异常，主动采取措施处理。

③ 现场环境管理。现场环境包括现场的温度、湿度、污染、噪声和安全等内容，管理的目的就是一方面要确保员工能够在现场愉快地工作；另一方面确保产品和设备状态符合相关要求。

(4) 生产过程巡检

生产过程巡检集中了班组管理的最主要内容，要对现场现物落实跟踪，确认质量、管理进度，发现变化及时应对，同时推动作业改善，即实施现场控制。班组成员进入到正常的生产状态后，班组长都要进行不按时的现场巡检，随时把握现场各类转变点，预见性地发觉问题。对员工的异样行为和现场的异样状态，及时采取应对措施，保证生产的顺利进行。质量和进度是巡检的重点。

巡检后，利用机动时刻对业务不熟练的成员进行指导，对现场问题点进行改善；工作中如需要其他部门或本组成员之外的人的协助，还需进行外部协调。

现场巡检的主要内容包括：

① 生产的产品型号是不是正确；

② 相关人员对当班的生产数量是不是清楚；

③ 现场的材料是不是到位；

④ 设备状态；

⑤ 工艺条件和作业标准执行情况；

⑥ 现场员工的状态；

⑦ 现场安全状态;

⑧ 现场环境状态。

安全是现场巡检的重要内容,很多化工企业开展"一班三检"(班前、班中、班后进行安全检查)制的班组日常安全检查。

(5) 班后交接与管理

1) 班后交接

① 交接班程序。交接班程序主要有两种方式:

一是召开班前会,接班者检查、对口交接、接班人员向班长汇报情况、接班人签字、交班者开班后会;

二是接班者提前15分钟上岗检查,召开班前会、对口交班、接班人签字、交班者开班后会。

② 班组长组织好交接班工作。

一是班前会的程序。接班班长检查出勤、严格劳保穿戴、交班班长介绍当班生产情况、接班班长征求意见(接班各岗位汇报检查情况)、值班干部讲话、接班班长布置本班工作。

二是交接班应注意事项。把握与了解生产情况、设备运转情况、产品质量情况、工艺指标及消耗定额执行情况、仪表运转情况、事故处理情况、岗位记录、各种器材工具、岗位卫生与环境情况。

2) 班后管理

班后的工作重点是总结本班工作,填写相关报表,记录生产、质量、员工的出勤、效率及其他工作的结果和相关信息,以便为下一轮工作计划提供参考。做好与下一个班组的交接是班后的重要工作。

实际上,班组的很多工作是利用班后业余时间来完成的,例如与组员的沟通、作业改进方案的设计、统计工作、季度总结等,也有很多工作穿插在以上具体环节里,如员工激励、技术和管理创新等。

① 认真填写操作记录。操作记录一般应符合下面几个原则:

一是要符合班组安全生产和管理的实际需要;

二是要简便易行,便于操作记录和利用;

三是要适应企业简便工作要求,做到与车间、厂部所需资料一致;

四是填写记录做到及时、准确、完整、清洁。及时就是要按规定的时间进行记录,绝不允许事前记录或事后回忆估计推算;准确就是要求记录可靠,偏差小,差错率小于1%;完整就是要求项目齐全,能反映生产过程中的各个环节;清洁就是记录用仿宋体填写,干净整洁,涂改率小于1%。

② 交接班日记的内容。由班组长或岗位负责人填写交接班日记,其内容为接班情况与本班工作,其中包括本班出勤及好人好事、生产任务完成情况、质量情况、安全生产情况、工具设备情况以及注意事项、遗留问题及处理意见、车间或上级的指示。交接班日记一般保存三年,仪表记录纸保存一年。

2.1.3 化工企业现场员工培训

(1) 现场员工心态培训

员工心态培训是塑造企业文化的重要手段，企业文化是一个企业所表现的风格、习惯、行为准则、企业价值观和企业精神，它是企业持续发展的动力源泉。但是这些无形的理念如果不能植根于员工的大脑之中，则只能称之为企业文化的种子要素，而不能真正发挥作用。只有通过员工心态培训等手段才能催化其生根发芽，员工工作中所有的抉择和行为只不过是表现出来的企业文化。如果他们知道自己最重视的价值观是什么，生活中追求的目标是什么，就随时都能更正确，迅速地做出决定。

现场故事2-3

木 匠 建 房

有个老木匠准备退休，他告诉老板，说要离开建筑行业，回家与妻子儿女享受天伦之乐。

老板舍不得他的好工人走，问他是否能帮忙再建一座房子，老木匠说可以。大家后来都看得出来，他的心已不在工作上，他用的是好料，出的是粗活。房子建好的时候，老板把大门的钥匙递给他。

"这是你的房子，"他说，"我送给你的礼物。"

他震惊得目瞪口呆，羞愧得无地自容。如果他早知道是在给自己建房子，他怎么会这样呢？现在他得住在一幢粗制滥造的房子里！

这就是心态！

心态培训就是要使员工树立积极的心态，这种积极心态的内容见表2-1。

表2-1 积极心态的内容

心态要素	内容
乐观	企业中员工随时可能面临不利的市场环境和经营环境，如果没有乐观的心态，将严重影响工作士气和正确决策
成就	员工只有不安于现状，有强烈的成就欲望，才能最大发挥个人潜能，使个人和组织目标最大化
坚持	百分之九十的失败者不是被打败的，而是自己放弃了成功的希望
付出	让员工牢记，成功没有捷径可走，要想成功，必须付出
务实	反对务虚不务实，反对"面子工程"。企业员工要有务实的心态，如果注重"面子"，可能连"里子"都保不住
感恩	让员工知道个人的力量毕竟是有限的，人都是需要别人的支持和配合的，哪怕别人为你做了一点微不足道的帮助都要感谢
谦虚	教育员工要有做小学生的心态，不断学习，虚心学习，只有虚心才能得到别人的帮助，才能适应知识经济对人才的要求，才能进步

心态培训一方面是帮助员工树立积极的心态，另一方面则要消除员工的不良心态。员工可能有的不良心态内容见表2-2。

表 2-2　不良心态内容

心态要素	内容
迷茫	即使员工最开始是信心满满地加入企业,但时间长了以后也会迷茫,不知道自己这么努力,这么辛苦是为了什么,更不知道自己以后要干什么
压力	压力巨大是员工最常出现的不良心态,因为两点一线的枯燥生活,也因为不断增加的业绩要求。有这种心态的员工通常会很焦躁,脾气也不好
不公	员工的薪酬是不一样的,不仅是贡献值不一样,就算是同一岗位的员工也可能因各种原因而有不一样的薪资。薪资少的员工不仅会因为能力不好,收入低觉得失落,还会因此觉得自己不受重视,而觉得不公平
自傲	有些员工因为业绩好,连续获得销售王称号而产生自傲心理,会有"自己的一个人创造了业务部的大部分收入,其他员工都得靠自己"的想法。有这种心态的员工通常会颐指气使,逐渐不服从管理
灰心	如果员工一直不能完成目标业绩,或者经常被投诉,员工容易心情沮丧,做什么事情都提不起精神,也会对自己和工作失去信心

班组员工心态培训的要求包括以下方面:

① 班组必须将心态培训理念贯穿于日常工作中。心态培训不同于知识技能培训,必须保持它的长效性,而长效性的保持又不能完全依靠专门的培训活动,因为这样一方面增加成本,另一方面可能会引起部分员工的逆反心理。正确的方式是在培训活动的基础上将心态培训理念贯穿于日常工作中,如优秀的经营者应清楚地向员工描绘化工行业前景,同时彻底让员工了解所从事工作的神圣意义,有了远景及使命感,员工自然心态积极乐观,效率的提升与目标的达成也将指日可待。

② 要针对员工心态状况来培训。进行心态培训以前,应该先对员工的原始心态状况进行摸底,如通过调查问卷方式了解员工,究竟是工作信心不足,还是胸有成竹甚至狂妄自大?究竟是安于现状,还是渴望更大成功?究竟是乐观向上,还是悲观消极?如果心态不正常,原因何在?了解这些,有的放矢地进行培训会收到事半功倍之效果。

③ 尽量通过鲜活的案例来培训。心态培训要避免一味灌输大量的空洞理论知识,而是要尽量结合周围的鲜活案例或故事进行生动讲解,让他们首先产生兴趣,其次认为可信,从而乐于学习、接受。

④ 要采用多种培训手段培训。员工心态培训可以采用多种培训手段和方法,如讲演法、案例分析、情景模拟、角色扮演等,应该针对情况结合采用。

(2) 一点课——OPL

OPL 即一点课、一点课程或单点课程,是一种在现场进行培训的教育方式。单点课程 OPL 的培训时间一般为 10 分钟左右的规定。所以,它还有一个名称,叫作 10 分钟教育。OPL 鼓励员工自编教材并作为辅导员进行培训,强调员工自编教导材料、自组织教导,锻炼员工的培训能力、表达能力,让员工参与到培训中来而不是管理者唱独角戏,所以一点课程也被称为"我来讲一课"。

OPL 的实施步骤及内容如下:

① 教导课题发掘。教导课题挖掘可从三个方面进行,一方面来自员工自己的发现,员工自主将自己的妙手偶得,将自己的经验、智慧编成 OPL;另一方面是基层管理者、班组长提出的攻关课题,要求员工动脑筋加以解决,而且总结形成培训教材的课题。也有一些是员工虽然做了某些具有指导和推广意义的工作或者变革,其上级主管发现后通过引

导和提示，乃至帮助这个员工总结提炼成培训教材。

② 教材撰写。OPL 的教材撰写需要体现 5W2H，即讲什么（what）——内容；谁来讲、谁来学（who）——讲师与受训对象；应用在何处（where）——应用的场合、设备；何时应用，何时进行培训（when）——应用时机以及培训时间记录；为什么这样（why）——原理、理论根据；如何做（how）——方法、手段、工具的应用；做多少，做到什么程度（how much，how many）——作业标准，作业规范，评价标准。

③ 培训方式。OPL 的课程一般由撰写人或其他熟悉这个专题的员工作为培训讲师，集中在现场不脱产进行训练。OPL 的形式没有固定形式，但强调内容简洁、明了、易懂，避免大量使用文字描述，最好使用图文并茂的形式进行表达，每段文字的字数按照少于 15 字为基本原则。OPL 使用不仅仅限于生产现场，也可以被办公室广泛采用，通过 OPL 的使用，将个人工作方法、工作经验、心得体会得以提炼，从而改善工作方法，起到工作持续改善的效果。

2.2 化工企业现场的物料管理

一方面化工企业所使用的物料多属于有毒、有害的物料，另一方面，化工企业现场的中间品都处于罐体、容器、管道等之中，这是化工企业现场物料独具的特点，也必然导致化工企业现场物料管理方式的特殊性。化工企业需要确保现场物料的安全、高品质状态，确保人在使用物料过程中的安全与效率。

2.2.1 企业现场物料管理

(1) 企业物料管理的内容

物料管理是对企业生产经营活动所需物料的采购、验收、供应、保管、发放、合理使用、节约和综合利用等一系列计划、组织、控制等管理活动的总称。物料管理包括四项基本活动：

一是预测物料用量，编制物料需求计划；

二是组织货源，采购或调剂物料；

三是物料的验收、储备、领用和配送；

四是物料的统计、核算和盘点。

当前的企业物料管理已经从专业部门管理发展到全面综合管理，从单纯的物料储备管理发展到物料准时制管理，从手工操作发展到自动化、信息化的 MRP 系统。

① 内容。物料管理内容包括物料分类、库存控制、采购管理和配送管理。物料分类是物料管理的基础；库存控制是指根据生产计划和市场需求，合理控制物料的库存水平；采购管理是指根据生产计划和库存情况，合理安排物料的采购计划；配送管理是指根据客户需求和订单情况，合理安排物料的配送计划。

② 流程。物料管理的流程包括需求计划、采购计划、入库管理、出库管理和库存盘点。需求计划是根据生产计划和市场需求，确定物料的需求量和需求时间；采购计划是根据需求计划和库存情况，确定物料的采购量和采购时间；入库管理是指对采购到的物料进

行验收、登记和入库,确保物料的质量和数量符合要求;出库管理是指根据生产计划和客户订单,合理安排物料的领用和发放;库存盘点是定期对库存物料进行盘点和核对。

③ 方法。为了提高物料管理的效率和精度,企业可以借助信息化技术,建立物料管理系统。物料管理系统可以实现物料的自动识别、自动采集和自动处理,大大提高企业物料管理的效率和精度。

(2) 企业现场物料管理

1) 现场物料领用管理

① 物料申领流程。在生产现场活动中,领料管理是班组物料管理工作中的重要内容。物料申领流程:填写领料单(领料员)→审核(班组长)→单据审批(仓库主管)→发料(库管)→物料验收(领料员)

② 物料领用发放。领料发放需要注意的事项包括:

一是物料的领取必须严格地根据生产计划、消耗定额和规定的手续来进行;

二是仓储部门根据班组生产计划,将仓库储存的物料,直接向班组生产现场发放;

三是必须明确领用、批准及责任人,以便明确物料领用责任,同时,也便于日后追查;

四是班组领料员领取物料时应将领用表格填写清楚,得到班组长审批合格后,由仓库主管确认后交予库管员,发料并做好物料的验收工作。

③ 退料补货如何办理。如果发现生产线上有与产品规格不符的物料、超发的物料、不良的物料、呆料和报废的物料,应实行有效的退料补货办法。

④ 控制上线物料用量。为了提高原物料的利用率,生产出更多的产品,企业在生产中,必须坚持生产与节约并重的原则。

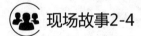 现场故事2-4

工 厂 物 耗

某化工公司是一家生产涂料的企业。该企业生产原来生产的某产品涂料用料比是1.2~1.3,损耗很大。为了改善这一状况,公司外聘物料管理专家,领导与专家、班组成员一起对生产流程进行细致审查,终于发现物料损耗原因,经专家的精心指导,提出解决的办法和措施。通过实施这一系列标准措施,补料流程的改善很快收到成效,截至年底成本核算,该企业物料用料比降到了1.05~1.1,大大节省了物料,提高经济效益。

2) 班组现场物料管理

① 现场在用物料标示管理。

第一,对现场物料进行标示分类,为了确保物料在生产过程中不被误用、混用,必须明确物料标示分类,物料标示物主要包括标示牌、标签以及色标三类。

第二,掌握物料标示的使用。物料堆放后,应对物料进行分类;分类后的物料摆放到指定区域;区域内要悬挂或张贴物料标示,同时责任人要更新物料标示卡信息,如批次、数量、领用日期等;确认物料、标示是否统一。实际上就是做好现场5S管理中的整理整顿工作。

现场故事2-5

曲 突 徙 薪

客人到主人家做客,看见主人家的灶上烟囱是直的,旁边又有很多木材。客人告诉主人说,烟囱要改曲,木材须移去,否则将来可能会有火灾,主人听了没有作任何表示。不久主人家里果然失火,四周邻居赶紧跑来救火,最后火被扑灭了,于是主人烹羊宰牛,宴请四邻,以酬谢他们救火的功劳,但没有请当初建议他将木材移走、烟囱改曲的人。有人对主人说:"如果当初听了那位先生的话,今天也不用准备筵席,而且没有火灾的损失,现在论功行赏,原先给你建议的人没有被感恩,而救火的人却是座上客,真是很奇怪的事呢!"主人顿时省悟,赶紧去邀请当初给予建议的那个客人。

② 在用物料检查与区域管理。

第一,对物料使用前进行检查。为了判定投产前物料质量,预防不合格的物料投入使用,班组长需督促、指导班组员工在使用物料前对物料进行检查,确保投入使用的物料是合格的。

第二,确保物料到位状况。

第三,合理进行物料的台面摆放。作业台是生产现场的关键之处,一定要加强对作业台材料的摆放管理。

③ 在用物料使用方法。先来先用就是按照生产物料的进厂先后顺序来使用物料,这样可以保证产品质量。

④ 现场其他物料管理。

一是过剩余料管理。为了满足客户对多品种产品的需求,目前工厂都采用多品种少批量的生产模式,在同一条生产线上频繁发生不同的机种来回切换生产的现象,导致在现场出现过剩余料。作为班组长应该了解不用的物料产生的原因,进而采用应对措施和处理方法。

二是多余物料(本质上是计划不周造成)的处理。产品扫尾时物料的处理包括转换生产机种的物料处理、完成订单批量的物料处理和产品生产结束的扫尾方法。

三是处理现场不良物料。生产中发生不良物料时应按返交不合格品的方法与仓库交涉,仓库则依据生产现场开具的"物料返库单"进行处理。

⑤ 改善生产物流。为保证每个生产加工过程的连续,并保证其始终处于最佳状态,在进行生产活动时,应从生产的各个环节进行改善。

3)现场物料盘点管理

① 做好现场物料的日常盘点管理。生产现场物料的盘点管理明确了现场物料的使用情况,强化物料使用中的责任感和计划性。班组长要协助物料部门做好现场物料的盘点工作,控制余料、废料的产生。

② 实施物料盘点前五项准备工作。

第一,确定盘点日期;

第二,制订盘点计划;

第三,盘点人员培训;

第四,清理仓库物料;

第五,生产线退料。

2.2.2 化工企业物料管理与危化品管理

(1) 化工企业物料管理

化工企业必须正确地使用化工物料，合理操作，避免人身伤害和企业财产损失，杜绝安全隐患，减小环境污染。

1) 化工物料仓库管理

化工物料应该存放在专门的化学品库房内，化工物料库的设计应满足《建筑防火设计规范》及其他相关要求，满足防渗、防雨、防爆、收集、通风、标示等设计要求；化工物料的存储应充分考虑化学品的存放禁忌物等要求，存放满足堆垛的间距要求；对人员的进出充分管控（如剧毒化学品双人双锁等）；开展日常巡检，对存放区的温度、状态等进行检查，保证安全。化工物料库现场还应配备相应的应急物资及劳保用品，以便发生事故时，及时处理。

① 由企业质检部门依据来料检验标准对化工物料进行来料检验后入库。

② 化工来料分类存放。

第一，对化工物料分类。按照化工物料潜在的危害程度，分为危险化学品和一般化学品，危险化学品是指易燃、易爆、有毒、有腐蚀性的化学品。危险化学品按照供应商提供的 MSDS（化学品安全说明书）方法存放，并做好标示。按照化学品的存在状态分为固态、液态和气态。一般固态物质存放一处，液态物质存放一处，气态物质存放一处。

第二，对化工物料分区存放。化工料仓库应划分区域，根据化工料不同的类别分类存放。区域划分为固体区域、液体区域、气体区域，再细分为危化品区域，一般化学品区域。

③ 化工物料仓库管理。

第一，化工物料的入库和出库，必须轻拿轻放，避免剧烈碰撞或撕扯产生的包装破裂、火花和静电。

第二，危险化学品区域必须阴凉、通风、干燥，远离日光、明火，必须具有消防和防护设备。

第三，日常存放时，液体化学品必须防泄漏和挥发，固体化学品必须防潮和防尘。

第四，仓库必须预防小动物的破坏。

第五，物料必须严格按区域存放，摆放整齐、稳当。

第六，仓库管理人员应每两天巡视一次化工物料，仓库内不得有明显的异味。

第七，物料领出时，搬运人员必须在仓库管理人员的指导下操作，不得剧烈跌落、不得剧烈摩擦地面。

第八，根据仓库管理人员的记录，在仓库库存时间超过保质期的物料应该当做废料处理。

2) 化工物料的使用管理

化工物料的领用应具备出入库台账，化工物料库现场设置看板，并及时对库容情况进行更新。化工物料的领用应满足先入先出的原则；领用时，也应对容器外观进行检查，避免对人员造成伤害。

化工企业的每一个工作场所必须配备消防设备，消火栓和灭火器必须确保好用；对于化工物料密集的场所，尤其要保持消防设备的完好。为了应对紧急情况，还需配备消防服和防毒面具，至少两套。

3）使用化工物料的应急处理

化工物料的应急处理的内容与方法：

① 化工物料不慎溅入眼睛，立即用水龙头冲洗 5～10 分钟，严重的需要立即就医；

② 刺激性或腐蚀性的化工料接触皮肤，立即用水龙头冲洗，严重的就医；

③ 化工料罐体温度蹿升，立即关闭电源，封闭降温直至冷却；

④ 化工料管路爆裂，立即关闭上游阀门喷水使表面成膜，开风扇通风；

⑤ 化工料仓库起火，火势若还较小，立即用灭火器灭火；若火势大，则穿消防服、戴防毒面具，开灭火器，同时报火警。

(2) 危险化学品使用管理

《危险化学品安全管理条例》中所指的危险化学品，包括爆炸品、压缩气体和液化气体、易燃液体、易燃固体、自燃物品和遇湿易燃物品、氧化剂和有机过氧化物、有毒品和腐蚀品等 7 类。

1）危险品储存

危险品储存方式分为三种：

① 隔离贮存。在同一房间或者同一区域内，不同的物料之间分开一定的距离；非禁忌物料间用通道保持空间的贮存方式；

② 隔开贮存。在同一建筑或同一区域内，用隔板或墙，将其与禁忌物料分离开的贮存方式。

③ 分离贮存。在不同的建筑物或远离所有建筑的外部区域内的贮存方式。

2）危化品的安全色及安全标示

安全色与安全标示是为了防止事故的发生，用形象而醒目的信息语言向人们提供了表达禁止、警告、指令、提示等信息。

① 安全标示。安全标示由安全色、几何图形和图形符号所构成，用以表达特定的安全信息，目的是引起人们对不安全因素的注意，预防发生事故，但不能代替安全操作规程和防护措施。

② 危险化学品的安全标签。危险化学品的安全标签是识别和区分危险化学品、用于提醒接触危险品人员的一种安全标示。安全标签包括化学品的名称、分子式、编号、危险性标示、提示词、危险性说明、安全措施、灭火方法、生产厂家地址、电话、应急电话等有关内容。储存的危险化学品应有明显的标示，标示应符合 GB 13690—2009《化学品分类和危险性公示通则》。

2.3　化工企业现场的设备管理

2.3.1　化工设备的种类

化工设备就是化工生产中所用的机器和设备的总称。化工生产中为了将原料加工成一定规格的成品，往往需要经过原料预处理、化学反应以及反应产物的分离和精制等一系列化工过程，实现这些过程所用的机械常常都被划归为化工设备。化工设备种类繁多，如图 2-1。

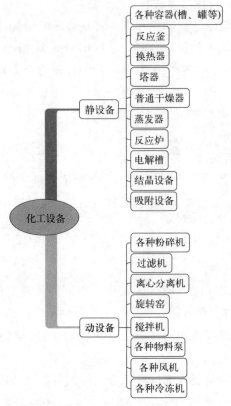

图 2-1　化工设备种类

以上化工设备通常归为两大类：静设备与动设备。

(1) 化工静设备

化工静设备是指安装后处于静止状态、在生产操作过程中无须动力传动的设备，被广泛地应用与生产中的传质、传热、介质加热、化学反应等各种工艺过程以及储存物料，如各种容器（槽、罐、釜等）、普通窑、塔器、反应器、换热器、普通干燥器、蒸发器，反应炉、电解槽、结晶设备、传质设备、吸附设备、流态化设备、普通分离设备以及离子交换设备等。

① 精馏塔。蒸馏是利用液体混合物中各组分挥发性的差异，将其分离的化工单元操作。按照蒸馏方式可以分为简单蒸馏、平衡蒸馏、精馏以及特殊精馏等多种方式。

如果进行多次部分气化或部分冷凝，最终可得到较纯的轻、重组分，这称为精馏。精馏塔是进行精馏的一种塔式汽液接触装置，有板式塔与填料塔两种主要类型：板式塔由圆筒形塔体和按一定间距水平装在塔内的若干塔板组成；填料塔是以塔内的填料作为气液两相间接触构件的传质设备，塔内填充适当高度的填料，以增加两种流体间的接触表面，如图 2-2。

② 换热器。换热器是将热流体的部分热量传递给冷流体的设备。石化装置常用的是管壳式换热器、U 型管换热器等，精细化工常用碟片式冷凝器、螺旋板冷凝器等，如图 2-3。

图 2-2　精馏塔示意图

　　　管壳式换热器　　　　　　碟片式冷凝器　　　　　螺旋板冷凝器

图 2-3　换热器与冷凝器

③ 空冷器。空冷器是以环境空气作为冷却介质，使管内高温工艺流体得到冷却或冷凝的设备，一般布置在装置的最顶层。

④ 加热炉。管式加热炉是将炉管中通过的物料加热至所需温度，然后进入下一工艺设备进行分馏、裂解或反应等。常用的管式加热炉按其外形结构形式分为圆筒形加热炉、卧管立式加热炉、立管立式加热炉等，如图 2-4。

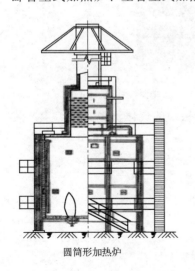　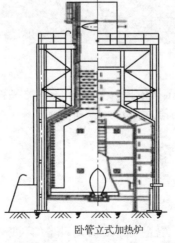　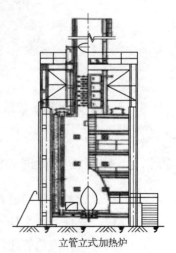

　　圆筒形加热炉　　　　　　卧管立式加热炉　　　　　立管立式加热炉

图 2-4　各种加热炉示意

⑤ 储罐。储罐是用于储存液体或气体的钢制密封容器，按结构分类可分为固定顶储罐、浮顶储罐、球形储罐等。50m³ 以上为大型储罐多为立式储罐；50m³ 以下的为小型储罐多为卧式储罐，通常用于生产环节或加油站。

⑥ 反应器。反应器是实现反应过程的设备，是化工生产流程中的中心环节。反应器按结构大致可分为管式、釜式、塔式、固定床和流化床等类型，精细化工中常用反应釜。

(2) 化工动设备

动设备是指有驱动机带动的转动设备，如各种过滤机，破碎机，离心分离机、旋转窑、搅拌机、旋转干燥机以及流体输送机械等。

① 泵。泵是输送液体或使液体增压的机械，石油化工装置用泵主要分三大类，即离心泵、往复泵和旋转泵。

② 风机。风机是依靠输入的机械能，提高气体压力并排送气体的机械。通常所说的风机包括：引风机、鼓风机等，如图2-5。

引风机　　　　　　　　　鼓风机

图 2-5　风机

图 2-6　压缩机

③ 压缩机。压缩机将低压气体提升为高压气体的一种从动的流体机械。化工生产装置中常用离心式压缩机、往复式压缩机等，如图2-6。

2.3.2　化工设备管理的模式

(1) 化工设备管理问题

企业设备管理有两个核心内容。

一是设备的标准化管理，它主要针对的是设备的质量保证；

二是设备的效率管理，它主要针对的是设备的价值贡献。

设备的标准化管理包括了从设备立项、选型、采购、安装、调试、验收、运行、操作使用、维护保养维修、改造更新、报废等全生命周期的各个阶段设备质量的预防、控制和提高；设备效率管理包括企业在工厂规划、产线布局、计划安排、产前准备、生产控制、员工技能、监督考核等各相关管理领域的设计和优化。企业应根据自己的实际情况建立企业的设备管理标准，以提高设备效率，并在此基础上，建立企业自己的设备管理体系。

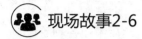 现场故事2-6

M 厂设备管理

M 厂是一家生产食品包装材料的企业，在 2015 年建厂，刚投产的初期，设备故障率很高，后续经过几年的努力，做了现场改善工作，设备管理逐步细化，故障率逐年降低，到了 2020 年 12 月生产线故障率有望实现停机次数为零的突破。在 2021 年工作预算会上老板提出了释放产能的要求，对生产和设备的要求很高。工厂的设备管理方式有必要更进一步地降低设备故障率，将生产线故障停机次数为零作为生产厂的目标。有了之前的工作积累，在 2022 年的 1 月，M 厂真的是实现了生产线设备零故障率。

当前很多化工企业设备管理工作存在明显缺失，具体体现在以下几个方面。

① 大量的自动化设备处于未联网状态，对设备数据不能有效地发掘和分析；

② 设备 OEE（设备综合效率）手工统计，数据源不统一，数据不透明，不准确，不能支撑统计计算；

③ 设备故障响应不及时，故障设备修复不及时；

④ 无法数字化快速获取设备状态，设备运行状态获取困难；

⑤ 备件管理困难，记录不易追溯；

⑥ 缺乏设备管理制度，没有统一标准和流程规范；

⑦ 底层控制不足，设备数据未采集，缺少制造过程的设备生产工艺信息。

设备管理痛点主要表现在以下几个方面：

① 难追踪，设备都去哪儿了？谁使用过？维修过哪些部件？

② 难查询，设备是在用还是已报废？是正常还是故障？

③ 难统计，有多少设备在用？多少闲置？维护情况怎么样？

④ 难提醒，特种设备证书是否到期？维保工作何时进行？

⑤ 难溯源，设备的维修保养记录，备件耗材的使用记录，在设备上的总花费无法追溯？

(2) 化工设备管理的基本工作

1) 设备档案管理

设备档案是设备一生最基本的记录文件，记录了一台设备从规划、设计、制造到使用、维护、改造、更新、报废的全过程。它包括设备说明书、图纸图册、技术标准、台服、档案以及原始记录等。

化工企业设备管理人员一方面要通过它获取设备的管理资料，另一方面要对它进行不断完善和完整。

第一，完整是指对新的设备运行状况和维护维修情况及时作详细记录，以备后查；

第二，由于各设备管理人员业务能力不同，经验不同，或者业务能力和经验得到了提高，可能会对现有标准产生不满意，那么无论是从节能降耗，或是安全使用等方面，都应该获得上级主管部门批准后，及时重新修订。

2) 设备日常维护管理

① 正确制订维护标准并严格执行。维护标准主要有两种：点检标准和润滑标准。这两项标准的正确制订，对设备的高效使用产生直接影响。

一是点检。点检就是通过对设备部件做详细分析后，制订标准，然后采用各种手段对这些部位按既定标准判定，重点部位需采用高精度仪器。

二是润滑标准。有资料统计显示，70%以上的设备故障是因润滑不当加重设备磨损造成的，企业应重视润滑标准的制订和执行工作。制订这些标准时，应该从运转部位速度、设定间隙、受力情况、温升以及设备工作环境、性能等多方面综合考虑，以免在实际润滑过程中，起不到润滑作用以及造成污染和人力物力浪费。

② 全员参与管理。很多企业存在一种误区，认为设备管理是设备技术人员和维修维护人员的工作，与生产操作人员无关。其实生产操作人员是设备的直接使用者，他们虽然对设备的结构、原理不如维修人员清楚，但他们对设备的使用性能比维修人员要熟悉得多，应该参与到设备管理中。

3) 设备维修管理。设备从试车生产开始，至报废为止一般要经过3个阶段：磨合期、正常使用期、性能衰退期。其使用寿命是由无形磨损程度、维护保养质量决定的。

① 提高人员素质。

第一，采用多种方式，综合提高设备管理人员技术水平和管理水平，用科学管理；

第二，多渠道、多层次，提高维修人员业务能力。

② 合理安排大、中、小修时间及内容。设备运行一段时间后，由于各种原因，如振动、腐蚀等，原有精度会降低，设备管理人员应适时组织人员进行检修：前期应作好准备工作，包括修前检查、备件准备、网络制定、标准制定、财务预算等，确保以最短工期和最少资金完成检修任务。

③ 设备绝不能带病作业。设备发生故障后，应立即组织人员抢修，绝不能带病作业，对于重要部位，应制订严格维修标准，对维修人员指导和正确约束。

④ 维修质量检查。设备维修结束后，设备管理人员和生产技术人员一起对维修质量进行检查，包括结构检查和精度检查：结构检查即检查修后设备是否完整，有无遗漏等；精度检查即检查修后设备是否保持原有精度和性能。

(3) 化工设备管理模式

化工设备管理的主要任务是对设备进行综合管理，保持设备完好，不断改善和提高企业装备素质充分发挥设备效能，取得良好的投资效益。

1) 事后维修管理模式

事后维修属经验管理，大致分为操作者兼维修与专业维修两个阶段，专业人员仅以本身的经验进行设备管理和事后维修。事后维修往往严重影响产品质量和生产效率，难以适应企业生产经营需要。

2) 预防定期维修管理模式

预防性定期维修是为了防止生产过程中设备意外故障而按照预定计划进行的预防性维修，预防维修的优点是减少维修的盲目性，避免和减少故障停机损失，其缺点是受检查手段和人的经验制约仍可能使计划不准确，造成维修冗余或不足。

预防维修较事后修理有明显的优越性：

① 因采取了预防为主的维修措施，可大大减少计划外停工损失；
② 预先制定检修计划，对生产计划的冲击小，减少了临时突击性任务，使无效工时减少，维修费用降低；
③ 防患于未然，减少了设备恶性事故的发生，延长了设备的使用寿命；
④ 设备完好率高，提高了设备使用效率，有利于保证产品的产量和质量。

3）生产维修管理模式

对维修费用低的寿命型故障，且零部件易于更换，采用定期更换策略；对于维修费用高的偶发性故障，且零部件更换困难，则根据实际需要随时维修；对维修费用很高的零部件，应考虑无维修设计，消除故障根源，避免发生故障，实行维修预防。生产维修是对重点设备进行预防维修，对一般设备进行事后维修，使故障损失和维修费用总和为最小的经济维修方式。

4）全员生产维修管理（TPM）

日本设备工程协会对全员生产维修的定义是：以把设备的综合效率提到最高为目标；建立设备终生对象的生产维修总系统；涉及设备的计划、使用维修等所有部门；从企业的最高领导到第一线工人都参加；加强生产维修思想教育，开展小组为单位的生产维修目标管理活动。

5）设备寿命周期管理

在设备运动的全过程中，存在着两种运动形态：一种是设备的物质运动形态，主要是技术状态的物理、化学变化，包括设备从研制到报废的各个环节；另一种是设备的价值运动形态，主要指经济状态的价值变化，包括设备的最初投资、运行费用、维修费用支出和核算、设备固定资产折旧、改造更新资金的筹措和各个环节的经济效果分析等。化工设备的整个寿命周期由前期和后期（使用期）组成，前期是设备的设计制造、安装试车过程，后期是设备的使用运行、磨损劣化与报废过程。

2.3.3 TPM 设备管理概述

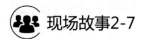
现场故事2-7

某企业的 TPM

某公司是一家印刷企业，主要做包装用瓦楞纸箱、丝网印刷和传统的胶印业务。两年前，公司引进一套全自动针喷式印刷设备，在竞争非常激烈的印刷市场上，这套设备确实发挥了很大的作用。公司高层决定，再引进几台。后来，该公司与某海外公司洽谈的合资项目遇到了意想不到的问题。对方对该公司的工厂管理提出了很多让人觉得"无法接受"的问题：设备太不干净、设备老是出问题、维修人员忙得不可开交等。

在合作条款里，投资者执意将"引入现代 TPM"作为一个必要的条件，写进了合同文本。刚开始的时候，公司管理层觉得对方有点"多管闲事"。"有货给你就行了，你管怎么整出来的！"公司管理者觉得这些事情太没必要了，设备不干净与制造产品有什么关系呢？

不过，为了合作能顺利进行，公司还是满口答应了下来。几个月过去了，公司做了这些"闲事"，之后，有一种脱胎换骨的感觉。由于设备天天擦洗，它的故障变少了，员工工作积极性也提高了；由于每日检查设备，有几位员工的设备知识比维修工还丰富，他们一听到声音异常就知道故障出在哪里。

经过这件事后，该公司决定在全厂大力推行 TPM 管理。

(1) 什么是 TPM 设备管理

1) TPM 的内涵

TPM（Total Productive Maintenance），即全员生产维护。1970 年，日本丰田电装株式会社在全面推行精益生产时，首次采用 TPM，实施一年后，生产效率得到了提高，设备故障率、不良率极大地下降，尤其是设备故障率降低到 1%，获得了日本 JIPM 协会 PM 优秀奖。

日本工业预防保养协会对 TPM 的解说如下：

① 追求生产系统效率极限为企业的目标；

② 以设备的一生为对象，以现场现物为基础，建立预防管理的系统（防患未然的完整方案）；

③ 以设备部门为起点，从生产部门扩大到开发，营业，管理等所有的部门；

④ 从总经理到一线员工全员参与的活动；

⑤ 透过重复性学习型小组来实施。

TPM 的发展经由六个阶段：事后保养（BM）、预防保养（PM）、改良保养（CM）、维护预防（MP）、生产性维护（PM）和全员生产维护（TPM）。

随着时代的发展，TPM 被赋予了更多头衔，全面生产经营、全面理想生产、全面工厂创新管理、全面盈利经营等等，TPM 的内容不断丰富，其概念的演进更进一步说明了 TPM 对于企业发展的重要性。

2) TPM 的理念

TPM 是精益生产推行的重要模块，也是提升生产运营的关键环节。运行中的设备若发生故障会造成生产流程的中断，甚至引起生产线的停顿。只有通过有效的管理，正确地操作使用设备，精心地维护保养设备，科学地维修改造设备，始终保持设备处于良好的技术状态，才能保证生产过程的连续稳定。

TPM 的核心理念就是通过人的体质的改善以及设备的体质的改善达到整个企业的体质改善。

人的体质的改善主要体现在两个方面，一方面就是针对生产操作员工来说，要改变其对设备管理的思维模式，引入全员参与设备管理维护保养的概念。TPM 强调全员参与设备保全保养的理念，生产操作人员与设备保全人员同样对设备承担责任。

人的体质改善的另外一方面，就是针对设备保全人员来说，要培养熟知设备保全技能与技术的设备专家型保全人员。TPM 强调提高保全人员的专业化、标准化、规范化程度，全面系统地培养设备保全人员的知识和技能，使之适应新时代的设备管理要求，培养成为专家型保全人员。

设备的体质的改善主要体现为设备综合效率（OEE）的全面提升。通过开展设备的自主保全、专业保全、焦点改善、设备初期管理等一系列活动以及消除影响设备的七大损失等提升设备的综合效率。

(2) 开展 TPM 管理的步骤

1) TPM 管理的八大支柱

① 自主保全。指自己的设备自己维护保养，设备操作人员作为设备的主人，必须担负起设备的清扫、点检责任，通过开展七个步骤来提高正确点检及识别设备异常及改善技能。

② 专业保全。指设备部门针对设备设施的计划性维护，包括设备评价和把握现状、劣化复原及弱点改善、劣化复原及弱点改善、构筑情报管理体制、构筑定期维护体制、构筑预知维护体制、专业保全的评价几个阶段。

③ 焦点改善。指消除阻碍企业成长的损失要素（包括设备效率损失要素、工作效率损失要素等），提高企业效率。

④ 设备初期管理。新设备在计划、制作、安装时，即在设备从初期计划、制作、安装等各阶段，就考虑设备寿命及维修成本，使保养费用或设备故障损失能够减少的活动。

⑤ 教育训练。从公司全局的经营效率出发，构建各岗位技能培训认证机制，有效培训教育，提高员工的工作技能。

⑥ 质量管理。通过设备与质量关联分析，生产出高质量产品，达到零不良。

⑦ 事务效率。指间接部门以 5S 活动为基础，结合改善提案，课题活动，部门职责梳理、流程优化等进行效率提升活动。

⑧ 环境安全。创建人机和谐，以实现顾客满意、员工满意、社会满意、地球满意。

2) TPM 的五大要素

① 小组活动。小组活动是结合了其他四个要素，同时能够提供其他要素改善的信息。企业现场内推行工作小组活动必须做到：

第一，衡量并消除劣化；

第二，确保设备维持使用的水准；

第三，消除影响安全、品质、生产力和成本之问题点；

第四，努力改善安全、品质、生产力、整体生产成本的绩效。

② 先期设备管理。先期设备管理是指从设备需求提出直至设备采购、安装调试、验收投入使用的管理。它包含设备需求策划、设备采购评审、设备招标、签订技术协议和合同、设备到厂检验、设备安装、设备调试、设备终验收、设备移交等过程。

R&M（可靠度与维修能力）是先期设备管理重要的指标。新设备的可靠度及保养能力均视其基本设计之优劣程度而定，同时需要不断地收集数据以确定其使用寿限周期之成本和 MTBF/MTTR（平均故障间隔时间/平均修复时间），并要适时将结果回馈给设备供应者，使其可借以改善新设备的可靠度及保养能力。

MTBF（平均故障间隔时间）是衡量一个产品的可靠性指标。它反映了产品的时间质量，是体现产品在规定时间内保持功能的一种能力。具体来说，是指相邻两次故障之间的平均工作时间，也称为平均故障间隔。它仅适用于可维修产品。

MTTR（平均修复时间）是指可修复产品的平均修复时间，就是从出现故障到修复中间的这段时间。MTTR越短表示易恢复性越好。

MTTF（平均失效前时间）。系统平均能够正常运行多长时间，才发生一次故障。平均失效前时间可以理解为设备在规定的环境下，正常生产到发生下一次故障的平均时间。

③ 实施计划性维护。以往的维护工作通常是在紧急时由专业技术人员去修理。TPM要求专业技术人员专注于高一级水平的技术工作，例如预测性的保养维护。计划性维护的目的就是：以最小的维护成本，使设备在运转时能够维持在任何时间下均充分发挥机能的状态，并进一步使设备机能扩展至最大的能量。

专业技术人员同时能够指导工作设定者和操作者更深入了解设备不正常症状，以便找出设备故障。专业技术人员同时扮演着技术支持者的角色，来改善设备可靠度与维修能力及其它维护技术的提升。

④ 在作业与维护中训练。TPM训练是基础工作。

小组活动七步骤；目视化检查技术；数据收集；润滑系统了解；油压及气压系统了解；锁紧了解；电气及电子了解；机械转动/动力传输组成系统了解。

⑤ 改善设备效率。每一个生产设备都有自己的最大理论产能，要实现这一产能必须保证没有任何干扰和质量损耗。

整体（全局）设备效率（OEE）。OEE是一个独立的测量工具，它用来表现实际的生产能力相对于理论产能的比率，它由可用率、表现性以及质量指数三个关键要素组成，即：OEE＝可用率×表现性×质量指数。

可用率＝操作时间/计划工作时间。它是用来考虑停工所带来的损失，包括引起计划生产发生停工的任何事件。

表现性＝理想周期时间/（操作时间/总产量）＝总产量/（操作时间×理论生产速率），表现性考虑生产速度上的损失，包括任何导致生产不能以最大速度运行的因素。

质量指数＝良品/总产量。质量指数考虑质量的损失，它用来反映没有满足质量要求的产品（包括返工的产品）。

利用OEE的一个最重要目的就是减少一般制造业所存在的六大损失：停机损失、换装调试损失、暂停机损失、减速损失、启动过程次品损失和生产正常运行时产生的次品损失。

3）开展 TPM 活动的七个步骤

① 清扫即检查。清扫即检查步骤主要是来发现设备隐藏的问题，能够让设备恢复到其原来理想的状况。

② 消除污染源。潜伏性的污染可能造成机件的故障或质量问题，污染可能造成安全上的伤害。

③ 清扫、润滑及安全程序。清扫能发现设备隐藏的问题点且能恢复设备的理想状况。

润滑能够消除磨耗。设备有百分之七十的故障是因为缺少或不妥的润滑;安全检查能发现设备任何不安全的地方。

④ 一般检查训练。一般检查训练提供操作者及工作小组基础的认知:油压、气压装置之基础知识;锁紧之基础知识;了解防止泄漏的方法,如油封;传动/齿轮/动力机构传输装置认知;轴承与转动轴之基础知识;电力结构之基础知识;设备系统和设备零组件损坏之辨识方法。

⑤ 自主性小组活动之检查和程序。必须使用五个感知的四个检查设备:眼视来检查;耳听得知不正常噪声;手触摸得知震动及过热;鼻闻得知异常味道。利用目视管理能增强你获知不正常的状况。

⑥ 工作区规划及环境整理。不要让过多零件或垃圾留在现场。

⑦ 小组活动的设备管理。工作小组成员支持持续改善活动,参与"清扫即检查"的活动、数据收集和问题分析以达成部门目标。

2.4 化工企业现场的问题管理

2.4.1 问题解决与持续改善

(1) 问题意识与问题解决

一个企业的生存与发展主要在于两个方面:

一是企业要有一个好的思路,否则便在激烈的市场竞争中难有发展;

二是这个思路的贯彻落实。

这两个方面均取决于企业领导和员工发现问题和解决问题的能力,企业的问题意识越强就越有可能成为赢家。

第一,分析问题是关键。企业以及企业中的员工现场管理与操作工作中,经常遇到各种各样的问题,需要学会进行问题的梳理,从中筛选出制约企业或团队发展、企业现场运营的重要紧急问题,将其作为工作的突破口。

第二,解决问题是目标。企业现场管理中的要素效率提升与成本、安全、质量等问题的解决,需要要素状态最佳,不允许员工在解决问题上有丝毫的懒惰,企业员工要有一种解决问题等不得、拖不得的紧迫感和责任感,盯着现场突出问题抓落实,及时发现解决新问题。

第三,解决问题靠方法。一个问题的解决有很多种方法,这个过程培养的是员工解决问题的能力,掌握问题解决的科学方法会起到事半功倍的效果。

(2) 什么时候有问题

第一,理想与实际差距大。问题是当现状与标准或期望发生差距,有差距就是遇到问题,也就是现在的表现,跟想要的不一样,就是有问题,如图2-7。

第二,未能达到进度。例如一件工作的作业流程最少需要三天完成,加上一天的弹性时间,总共是四天的标准范围。有一次,同样的工作却花了六天,这种进度严重落后的现象,这就是一种问题。

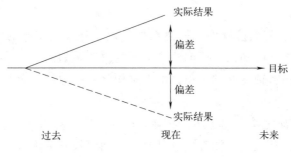

图 2-7　问题的结构

现场故事2-8

生产车间现场管理经典故事

在一家制造业的生产车间里，有一位管理着生产现场的领导，他非常重视现场管理，对车间的生产效率和质量要求非常严格。

有一天，他发现车间里的生产线出现了一个问题。一个工人在操作一台机器时，总是不能按时完成生产任务，并且生产出来的产品质量也存在问题。领导决定直接去现场了解情况，他来到了这个工人所在的机器旁。首先，他观察了一段时间这个工人的操作过程。他发现这个工人在操作机器时动作比较笨拙，并且操作过程中总是会出现一些小失误，导致生产效率和产品质量受到影响。

领导没有急着批评工人，而是先和他进行了一次深入的交流，了解他的情况。通过交流，他得知这个工人是一位新进员工，之前没有接触过这种机器。他很努力地学习和练习，由于之前没有相关经验，所以操作起来还比较生疏。

领导听完工人的解释后，没有责备他，而是和他一起坐下来，耐心地教他如何正确操作这台机器。他示范了正确的操作方法，并且分析了那些容易犯错的地方，告诉工人如何避免。然后，他让工人自己操作几次，然后再给予及时的反馈和建议。在领导指导下，工人逐渐掌握了正确的操作方法，并且能够按时完成生产任务，产品的质量也有明显的提高。

第三，事情到了无法控制的状况。

（3）如何发现问题

发现现场问题的路径如下：

① 从倾听和工作结果中发现问题，见表2-3。

表 2-3　从倾听和工作结果中发现问题

如何发现问题	方　　法	要　　点
从倾听中发现问题	通过与上司沟通、交谈过程中发现问题	指出工作中的问题，以及上司对解决问题效果的期待； 不仅能发现问题，而且还能通过确认上司对问题的看法，理解自身责任的大小
	发现工作以外的问题	可以让员工就共同关心的问题发表看法； 可以自由发言，锻炼员工表达意思的能力，体会沟通的乐趣

续表

如何发现问题	方 法	要 点
从结果中发现问题	脑力风暴	不加限期地提出尽可能多的问题；对类似问题进行分类
	从数据中发现问题	在日常管理活动中注意保留必要的管理数据（推移图等）； 从推移图中的异常变动（过高、过低等）中发现问题
	从前后工序的投诉或要求中发现问题	虚心听取前后工序的投诉或要求； 分析投诉或要求的原因，并从中发现存在的问题
	从上一次活动结果的反省中发现问题	某一个课题结束了，但并不意味着所有问题都得到有效解决，残留的问题以及改善引起的副作用都是值得反省的问题

② 从目标入手发现问题，见表 2-4。

表 2-4 从目标入手发现问题

方法	要点
品质	工程内不良减低
	减少人为错误
	减少品质异常
	减少工序或客户投诉
	减少装配不良
	作业指导书改善
	质量保障工程能力改善
	问题再发防止
	初期不良的减少
成本	经费削减
	材料、零部件损坏耗低减
	降低购买单价
	缩短作业时间
	人员削减
	设备效率、利用率提高
	减少不良品和修理时间
	材料利用率提高
交期	增加单位时间生产量
	严守交货期
	减低库存量
	在库管理精度提高
	场所布局的改善
	改善生产计划的进度管理
	迟交货问题的改善
	停线时间低减

续表

方法	要点
士气	环境的美化
	提高出勤率
	人员的合理配置
	培养员工的问题意识、品质意识
	加强团队建设
	个人能力的提升
	建设有活力的工作现场
安全	保障工作场所的安全
	灾害、事故减少
	消除一切安全隐患
	加强整理、整顿
	加强安全管理

③ 从 4M 入手发现问题，见表 2-5

表 2-5　从 4M 入手发现问题

方法	要点
设备 （Machine）	测量器具特性值管理
	测量误差
	测量方法的管理
	作业标准的维护
	作业标准的提高
	作业环境的整备
材料 （Material）	作业者的经验、技能
	工作分配的合理性
	作业者的健康状态
	作业者的品质意识
	作业者的工作态度
方法 （Method）	作业者的经验、技能
	工作分配的合理性
	作业者的健康状态
	作业者的品质意识
	作业者的工作态度
人力 （Man）	大角度转身作业
	提脚作业
	弯脚作业
	身体失去平衡的姿势
	伸手作业
	目视距离过近作业

2.4.2 问题解决的步骤与方法

(1) 问题解决的步骤

① 识别问题，设定目标。

把通过各种方式观测、分析到的表面、笼统的问题进行识别分析，作出具体说明，将问题转化为规范、专业的"技术"问题，同时还要对问题进行量化的说明；然后设定目标，说明何时达到怎样的水平或标准。设定具有挑战性的目标并不是为了考核，而是避免较低目标完成掩盖未来可能发生的问题。

 现场故事2-9

袋鼠与笼子

一天，动物园管理员发现袋鼠从笼子里跑出来了，于是开会讨论，一致认为是笼子的高度过低，所以决定将笼子的高度由原来的10米加高到20米。第二天又发现袋鼠还是跑到外面来了，所以再次决定再将高度加高到30米。没想到隔天居然又看到袋鼠全跑到外面，于是管理员大为紧张，决定一不做二不休，将笼子的高度加高到100米。一天长颈鹿和几只袋鼠们在闲聊，"你们看，这个人会不会再继续加高你们的笼子？"长颈鹿问。"很难说。"袋鼠说："如果他再继续忘记关门的话！"

② 到现场去，因果追溯。

用数据来客观地反映问题，避免依靠人的主观去处理问题。回到现场，了解事件的来龙去脉，进行归纳总结，充分掌握工作的流程与内容，针对问题制作数据统计表，对出现异常的加以观察和记录，收集符合客观事实的资料，最后对数据进行整理分析，层层分类。

③ 关键少数，改善聚焦。

根据上一步的数据台账进行归纳分析，选择出少数的改善点，集中资源与力量进行解决。在如此众多的问题原因中，需要去掉非关键问题，需要找出问题的重点原因，需要进行严密的逻辑推理思考。

④ 探求真因，彻底改善。

原因分析是通过对现状把握中分析出的主要因素进行深入分析，找出问题关键所在。针对原因分析中确定的原因，采用相对应的办法提出改善对策。一般要制定出两套解决方案：应急处理措施、彻底解决问题的根本解决方案，然后将解决方案纳入PDCA循环进行实施。

⑤ 保证行动，有效落实。

有了对策不去实施无异于纸上谈兵。实施对策通常先明确重点，明确责任分工，制定出进度甘特图进行管理。在实施对策的过程中，通常需要注意定期对所实施的项目进行点检，对有异常的事项及时与相关人员沟通，确保项目能够顺利进行。改善对策实施结束后，要进行效果验证，评价对策成效，评价的方法应尽可能量化，并与制定的目标相比较。

⑥ 沉淀机制，自动预警。

取得预期效果只是开始，因为一旦效果不能持久，很快就得重新开始。必须有意识地采取巩固效果的措施，把改善的成果纳入日常管理之中。最常用的方法就是将改善成果标准化，形成制度，纳入到日常管理，并做好相关人员的培训教育。

企业的员工需要具有问题意识，并且善于分析问题、解决问题，核心在于能力的提升。《丰田工作法——丰田的问题解决之道》一书其中提到大野耐一的一个观点：没有问题就是最大的问题，有问题是一种常态，而没有问题则是一种病态。进一步可以理解为，问题的提出和解决是促进个人和组织进步的一种动力，关键就在于提升员工、企业的能力。

第一，发现问题的能力。不会发现问题，企业的发展就永远只能原地踏步，不会有任何提高。要善于发现问题，首先要培养对待问题的心态：有自我否定的意识，有持续改进的观念，确立没有解决不了的问题的理念；其次要善于思考。爱因斯坦说过，提出一个问题往往比解决一个问题更重要。

第二，分析和研究问题能力。发现问题是基础与前提，正如民谚所说，发现问题只是解决了问题的一半。分析和研究问题才能为解决问题奠定良好的基础。分析和研究问题要抓住难点、关键问题，追查问题发生的根源，探寻问题背后的潜在因素。换个角度分析和研究问题，换个位置分析和研究问题，以开阔视野探索新途径，以创新方法解决新问题。

第三，解决问题的能力。发现问题、分析问题是为了解决问题，只有把握解决问题的方法，才能达到提升解决问题的能力。

(2) 问题解决的方法

丰田公司创造出一套问题解决的方法（丰田工作法），并通过TWI培训系统训练每一个现场员工，以此带动现场员工发现问题、分析问题与解决问题，做到持续改善。在丰田，每一名员工都要经过针对这一内容的培训，在实际工作中反复运用，并得到上级领导和前辈的指导和帮助。

在有问题解决思路之前，丰田首先对问题进行界定，明确什么是问题，如图2-8所示。丰田的问题包括两类：一类是发生型问题，这是现实与现实基础上的理想状态之间的差距，属于当下需要尽力解决的实际问题；另一类是设定型问题，是在当下现实基础上的理想与设定型目标之间的差距，设定型目标是重新定义的更高的目标。如图2-9所示。

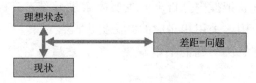

图2-8 丰田的问题界定

丰田精益生产模式的创始人之一的大野耐一说过，"没有比完全意识不到问题的人更有问题（没有问题才是最大的问题）"。有了问题，企业才能提升管理水平，有了问题，企业的员工才能提升现场工作能力与业务水平。

"丰田八步法"是一种问题解决的方法，旨在通过明确问题、分析问题、设定目标、把握真因、制定对策、贯彻实施对策、评价结果和巩固成果等步骤，系统解决工作中遇到的问题。

① 明确问题。思考工作的真正目的，思考工作的理想状态和现状，将理想状态和现状之间的差距可视化；

② 分析问题。将问题分层次、具体化，选定要优先着手解决的问题，现地现物地观察流程，明确问题点；

③ 设定目标。下定自己解决问题的决心，设定定量、具体且富有挑战性的目标；

④ 把握真因。抛弃先入为主的观念，多方面思考要因，现地、现物确认事实，反复追问为什么，明确真因；

⑤ 制定对策。思考尽可能多的对策，筛选出附加价值高的对策，寻求共识，制定明确具体的实施计划；

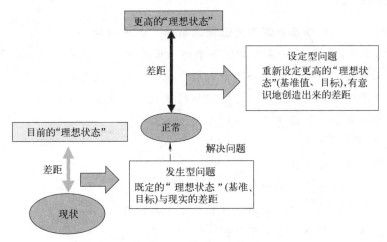

图 2-9　丰田的两类问题

⑥ 贯彻实施对策。齐心协力，迅速贯彻，通过及时的汇报、联络、商谈共享进展信息，永不言弃，迅速实施下一步对策；

⑦ 评价结果。对目标的达成结果和过程进行评价，并同相关人员共享信息，站在客户自身的立场上重新审视整个过程，学习成功和失败的经验；

⑧ 巩固成果。将成果制度化并加以巩固（标准化），推广促成成功的机制，着手下一步的改善。

通过这八个步骤，帮助员工现场系统地解决问题，提高工作效率和质量。

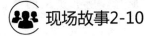 **现场故事2-10**

大野耐一的 5Why 方法

所谓 5Why 分析，就是对一个问题点连续以 5 个"为什么"来自问，以追究其真正原因。"5-Why"，名称虽为 5 个为什么，但使用时不限定只做"5 次为什么的探讨"，主要是必须找到真正原因为止，有时可能只要 3 次，有时也许要 10 次。

丰田精益生产模式创始人之一大野耐一曾举了一个例子来找出停机的真正原因问题一：为什么机器停了？

（1-Why）问：为什么机器停了？答：因为超过了负荷，保险丝就断了。

（2-Why）问：为什么超负荷呢？答：因为轴承的润滑不够。

(3-Why) 问：为什么润滑不够？答：因为润滑泵吸不上油来。

(4-Why) 问：为什么吸不上油来？答：因为油泵轴磨损、松动了。

(5-Why) 问：为什么磨损了呢？答：因为没有安装过滤器，混进了屑等杂质。

经过连续五次不停地问"为什么"，找到问题的真正原因（润滑油里面混进了杂质）和真正的解决方案（在油泵轴上安装过滤器）。由现象推其本质，因此找到永久性解决问题的方案，这就是5-Why。

如果员工没有以这种追根究底的精神来发掘问题，他们很可能只是换一根保险丝草草了事，真正的问题还是没有解决。

现场故事2-11

华盛顿的杰弗逊纪念馆的5-Why分析法

20世纪80年代，美国政府发现华盛顿的杰弗逊纪念馆受酸雨影响损坏严重，于是请了家咨询公司来调查。下面是顾问公司与大楼管理人员的一段对话：

问：为什么杰弗逊纪念馆受酸雨影响比别的建筑物更严重？

答：因为清洁工经常使用清洗剂进行全面清洗。

问：为什么要经常清洗？

答：因为有许多鸟在此拉屎。

问：为什么会有许多鸟在此拉屎？

答：因为这里非常适宜虫子繁殖，这些虫子是鸟的美餐。

问：为什么这里非常适宜虫子繁殖？

答：因为里面的人常年把窗帘关上，阳光照射不到内，阳台和窗台上的尘埃形成了适宜虫子繁殖的环境。

拉开窗帘，杰弗逊纪念馆的问题就这么轻易解决了。

(3) 解决问题在于持续改善

分析问题、解决问题，其目的在于持续改善。持续改善（Kaizen）方法最初是一个日本管理概念，指逐渐、连续地增加改善，是日本持续改进之父今井正明在《改善——日本企业成功的关键》一书中提出的，Kaizen意味着改进，涉及每一个人、每一环节的连续不断地改进：从最高的管理部门、管理人员到工人。持续改善的策略是日本管理部门中最重要的理念，是日本人竞争成功的关键。持续改善的关键因素是：质量，所有员工的努力、介入、自愿改变和沟通。

持续改善主要是指通过持续不断的全员参与的改善活动，以不断提高生产效率、质量、交期、安全等。持续改善有三个基本的前提条件：

第一，改善活动必须要有很明确的目的。改善的主题和目的必须很明确，要么为了质量，要么为了时间，要么是安全问题，要么是以上几个问题的集合。而且要很明确现在的状态是怎样？这次改善的目标要达到多少？在一些比较大的，如为期一周的精益改善活动中，计划与准备工作非常重要。如果连目的都不清楚，改善的效果肯定是不会好的。

第二，必须要触及根本原因。如果没有触及根本原因，那么这个改善的结果就只是暂时的。因为根本原因没有揪出来，过了一段时间，问题就会再次出现。大野耐一著名的5

个 Why 的案例是很好的说明，5Why 是触及根本原因的很好的工具。正确的工具和思路会帮助参与者找出的根本原因，但最关键是要有种寻根问底，不挖出根本原因所在不罢休的精神，而不是浅尝辄止。另外，强的现场观察能力很关键，因此平时就要养成仔细观察的习惯，细节部分往往是暴露主要和根本原因的绳索。

第三，必须要标准化。在改善活动以后，要把这个改善成果固定下来，把标准化的工作做好。某些改善的解决方案很好，大家也很认可，但过了一段时间再看，却发现效果没有达到预定目标，甚至很差。解决方案本身没有问题，问题在于执行得很差，这主要是由于没有把标准化工作做好，包括没有制定新的标准操作程序，没有给一线员工很好的新的培训，没有进行定期的审计和纠正，没有可视化的管理等等。没有把改善的成果标准化，就如一个人在雪地里走路，往前走三步，却往后退了两步。改善不是活动完了就结束了，还有许多后续的成果固定。只有把成果标准化、固定下来，才能成为下一次持续提高的坚实基础。

本章小结

本章主要分析企业生产作业现场的 3+1，也就是 3 个要素加 1 个问题。首先探讨企业现场人员管理与班组管理，班组有效管理是现场价值创造的关键，通过有效的班组管理提升员工价值创造的能力，确保现场价值创造的有效性；其次是分析企业物料要素的管理内容以及现场物料管理的过程、内容与要求，分析化工企业现场物料管理的主要内容与管理方式，现场危品的使用与管理；第三是分析企业设备要素的管理，包括化工企业设备的类别以及设备管理的内容、方式，如何通过 TPM 确保设备运行状态的有效性；最后是企业员工需要具有问题意识，善于发现现场问题与解决现场问题。

 复习思考

1. 现场的班组建设有什么要求？
2. 班组如何进行现场人员管理？
3. 班组如何做现场工作计划，如何做生产技术准备工作？
4. 班组现场人员培训方式有哪些，阐述具体内容。
5. 化工企业现场物料管理的内容有哪些？
6. 化工企业危化品如何进行使用管理？
7. 如何发现现场问题？
8. 现场管理有哪些模式？
9. 阐述 TPM 管理的要素与步骤

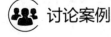

某煤气化厂重大爆炸事故调查报告

事故回顾：2019 年 7 月某日某时，某煤气化厂 C 套空分装置发生爆炸，造成 15 人遇难、16 人重伤，爆炸产生冲击波导致周围群众划伤、重物砸伤等 175 人轻伤，直接经济损失 8170 万元。

调查报告显示，2019 年 6 月 26 日，发生爆炸的空分装置岗位技术员在定期分析冷箱密封气含氧量时，发现冷箱内密封气氧含量升高，冷箱北侧二层平台氧含量25.5%，西侧四层平台大于30%。而相关规定为相应氧含量应小于5%。与此同时，装置中密封气压力由400Pa升至580Pa。空分岗位技术员将此情况向净化分厂副厂长A进行了汇报，随即质检中心分析人员对密封气氧含量进行了再次分析，确认氧含量异常。

6月27日，净化分厂副厂长A将异常情况进行了通报，净化分厂厂长B要求空分岗位人员关注工艺参数变化，现场人员注意观察冷箱壁是否存在结霜、裂纹，发现异常情况要及时报告。

到了7月7日，涉事装置密封气压力继续上升，氧含量达到了58%，冷箱部分出现结霜现象。此时煤气化厂另一副厂长C组织召开检修专题会，研究决定启用备用的A套空分装置，C套空分装置停车消除隐患。当天，C副厂长通过电话向上级煤气集团公司生产技术部部长D进行了汇报。

7月8日，D部长到现场查看情况，并作为隐患给该煤气化厂下达安全检查书，要求分析原因，制定检修方案，未处理前加强控制措施，避免冷箱内部空间超压。当天，D部长向该煤气集团公司副总经理E和总工程师F进行了汇报。

7月10日，相关方面在启用A套空分装置时，氧压机第一次启动失败。同日该煤气集团公司副总经理E在会议上要求如果要进行停车检修，需要向煤气集团公司正式行文，由煤气集团公司行文向上级公司汇报请示。

但隐患没有等待请示。调查报告显示，7月12日星期五，C套空分冷箱北侧四层出现了25厘米的裂缝，虽然当天D部长等相关领导在会议中要求抓紧制定检修方案，但未确定C套空分具体的停车时间；7月13日，该煤气化厂相关部门做出计划：7月16日A套空分氧压机投运8小时后，再安排C套空分停车。

7月15日，该煤气化厂以正式文件向煤气集团公司报告，经逐级签批同意后，相关批复结果文件于7月16日下午反馈到该煤气化厂，也是在这一天，A套空分装置氧压机第二次启用失败，C套空分装置未及时停车，人们再一次错过了避开爆炸事故的机会。

7月16日，该煤气化厂厂长G等人根据相关情况确定了20日停车的计划，并在当日向煤气集团公司E副总经理和D部长汇报了20日停C套空分的计划，相关计划也被汇报给煤气集团上级公司副总工程师H和化工事业部总经理L。

7月18日晚，A套空分装置氧压机终于成功启用。煤气集团公司于7月19日以正式文件将检修报告发送给煤气集团上级公司，而就在C套空分装置计划停车的前一天下午某时某分，C套空分装置发生了爆炸。

事故当天，先后发生了两次爆炸，第一次爆炸产生的激发能使得相关铝制材料发生第二次爆炸。相比第一次爆炸，第二次爆炸的能量最大，事发后现场形成了一个长15.2米、宽9.2米、深0.8米的炸坑。经综合分析，爆炸TNT当量为5吨。经调查认定，该煤气化厂本次重大爆炸事故是一起重大生产安全责任事故。

造成事故的直接原因是：该煤气化厂C套空分装置冷箱阀连接管道发生泄漏，长达23天没有及时处置，富氧液体泄漏至珠光砂中，冷箱超压发生剧烈喷砂，支撑框架和冷箱板低温下发生冷脆，导致冷箱倒塌，砸裂东侧液氧贮槽及停放在旁边的液氧槽车油箱，液氧外泄、可燃物、激发能引发爆炸。

事故的根本原因是：煤气集团上级公司、煤气集团和该煤气化厂安全发展理念不牢、安全发展意识不强，重生产轻安全，停车决策机制不健全，管理层级过多，形式主义官僚主义严重，层层研究请示，该决策不决策。从发现漏点到事故发生，历经23天时间，不按安全管理制度和操作规程停车检修，导致设备带病运行，隐患一拖再拖，从小拖大，拖至爆炸；违规生产操作，该停车不停车，设备管理不规范，备用设备不能随时启动切换，不按规定开展隐患排查，不如实上报隐患。

讨论问题：

1. 分析该煤气化厂设备管理存在的问题以及设备要素的状态。
2. 该煤气化厂是否可以通过 TPM 管理以改善设备运行状态？如何展开？
3. 该煤气化厂现场管理的问题有哪些，如何处理？

第3章

化工企业现场内容管理

学习目标

- 明确安全管理的定义、性质与功能,明确事故分类与事故致因理论
- 了解企业安全管理的要求,把握化工企业安全管理的特点、内容
- 把握企业安全管理体系的要素与构成,把握化工企业安全管理体系的内容与方法
- 了解化工过程安全管理(PSM),了解危险源辨识与事故应急管理的内容与方法
- 明确质量、质量管理的内涵,把握质量管理体系的内容
- 了解全面质量管理的特点、内容与方法,了解化工企业现场质量管理方法
- 了解化工企业现场环境管理的内容与措施
- 了解化工企业现场环境风险评价的内容与方法

知识结构

化工企业现场内容管理
- 化工企业现场安全管理
  - 安全管理的定义、性质与功能
  - 事故致因与安全管理原理
  - 企业安全管理的定义与要求
  - 化工企业的安全管理特点与内容
  - 企业安全管理体系要素与构成
  - 化工企业安全管理体系建设
  - 化工企业过程安全管理
  - 危险源辨识与事故应急管理内容
- 化工企业现场质量管理
  - 质量、质量管理的内涵
  - 质量管理体系的内容与建设
  - 全面质量管理的特点、内容与方法
  - 化工企业现场质量管理体系与有效性评价
  - 化工企业现场质量方法
- 化工企业现场环境管理
  - 化工企业现场环境管理的原则
  - 化工企业现场环境管理的内容
  - 化工企业现场环境管理的措施
  - 化工企业环境管理体系要求
  - 化工企业现场环境风险评价

📖 **引导案例**

狄罗伦的香蕉

美国管理专家麦考梅克在其《经营诀窍》一书中讲了这样一个故事：他的一位朋友在担任通用汽车雪佛莱车工厂的总经理后不久，有一次他去达拉斯出席一项业务会议，当他抵达旅馆之后，发现公司的人已经送来了一大篮水果到他的房间。他看后幽默地说："咦，怎么没有香蕉呢？"从此以后，整个通用汽车公司都流传着"狄罗伦喜欢香蕉"的说法，尽管他向人解释那只不过是随便说的，但在他的汽车里、包机中、旅馆里，甚至会议桌声，总是摆放着香蕉！可见，企业领导的一个行为产生的作用很大，领导作用更体现在对企业的安全、质量、环境与健康管理上，所以 ISO 9000 质量管理体系特别强调领导的作用。

任何企业的作业现场都是要素的连接与整合，通过要素的连接与整合创造价值。化工企业现场必须对人、机、料、法、环等要素进行有效管理，确保要素状态力与要素连接力、管控力，要素管理的落脚点是现场管理的内容，这就是现场管理必须关注的安全、质量、健康与环境。我国很多企业推行的 HSE（有些国家称呼为 EHS，我国一些企业把质量与 HSE 整合形成 QHSE 体系）本质上是对现场管理的安全、质量、环境与健康的预防管理体系。健康管理与现场要素关联的内容很广泛，比较复杂，安全、质量与环境三大内容是各类要素连接活动的结果，与要素状态力、要素连接力与要素管控力直接关联，是三力作用的结果。

此外，化工企业的员工必须具有理想信念，不忘初心，具有奉献精神、团队精神、科学精神、探索精神、创新精神、批判精神，强调团队合作和集体利益的重要性，这样才能把现场管理的安全、品质、环境与健康内容置于心上，确保要素力量，使现场管理最优化、价值创造最大化。

3.1 化工企业现场安全管理

随着科学技术的飞速发展，生产工艺、技术及环境的复杂性加大，安全管理的对象日益复杂，影响安全的因素越来越多，但企业从业人员的整体素质仍有待进一步提高。与其他行业相比，化工行业流程复杂，主要原料和产品的 80% 以上属于危险化学品，安全环保风险高，推进现场智能化、数字化管理的重要性和紧迫性比其他行业更为突出。在加强安全监管规范化建设，设立安全管理机构，配备专业安全管理人员，不断强化日常监管检查的同时，尚需搭建信息化、智能化、数字化的统一安全管理平台。

3.1.1 化工企业安全管理概述

(1) 安全管理简述

1) 安全管理的定义与性质

安全管理是管理中的一个具体的领域，狭义的安全管理是指对人类生产劳动过程中的事故和防止事故发生的管理，也就是在人类生产劳动过程中，为防止和控制事故发生并最大限度减少事故损失所采取的决策、组织、协调、整治和防范的行动；广义上的安全管理是指对物质世界的一切运动按对人类的生存、发展、繁衍有利的目标所进行的管理和控制。从化工企业生产角度来说，所谓的安全管理主要是指狭义上的安全管理。

从安全管理活动的产生和发生作用的机制来看，安全管理具有如下特性：

① 社会功能性。安全管理是造福于人类社会，为人类社会所需要的。

② 功利性。所有的管理都是功利的，也就是追求经济、社会、政治等某个方面上的收益或回报。

③ 效益性。管理的目的就是追求效益，效益的好坏是评价管理体系好坏的标准之一。

④ 人为性。管理者的意志和意愿不同，管理行为就有不同。

⑤ 可变性。基于管理者的需要，管理的思想、方式、方法、手段以及管理机构、管理模式甚至管理机制都是可变的。

⑥ 强制性。管理即是管理者对被管理者施加的作用和影响，要求被管理者服从，其意志、要求、任务内容等都体现出管理的强制性。安全管理的强制性更突出。

⑦ 有序性。管理就是一种使无序变为有序的行动。

2) 安全管理的目的与功能

人们在进行活动时，总会存在危险情况出现的可能。为了防止危险情况出现或防止危险情况转化成事故造成损害，必须进行安全管理。安全管理的目的就是利于人们正常生产活动的平稳顺利开展，是为人们的安全活动服务的。事实上，人们所进行的一切活动都是为了生存发展，避免伤害，确保安全。

安全管理具有决策、组织、协调、整治和防范等功能，可以归纳为基础性功能、治理性功能和反馈性功能三大类。

① 基础性功能，包括：决策、指令、组织、协调等；

② 治理性功能，包括：整治、防范等；

③ 反馈性功能，包括：检查、分析、评价等。

就工业生产这个特定领域来说，安全管理的对象有人、物、能量、信息。判别安全的标准是人的利益，所以对人的管理是安全管理的核心，一切都以人的需求为核心。物、能量、信息等都是按照人的意愿做出安排，接受人的指令发动运转。设备、设施、工具、器件、建筑物、材料、产品等是发生事故出现危害的物质基础，都可能成为事故和发生危害的危险源，应纳入安全管理之内。能量是一切危害产生的根本动力，能量越大所造成的后果也越大，因此对能量的传输、利用必须严加管理。从安全的角度看，信息也是一种特殊形态的能量，因为它能起引发、触动、诱导的作用。

(2) 事故致因与安全管理原理

1) 事故界定与分类

一般认为，事故是人（个人或集体）在为实现某一意图而进行活动的过程中，突然发生、违反人的意志、迫使行动暂时地或永久地停止的事件。安全生产界认为，事故是指在生产活动过程中发生的一个或一系列非计划的（即意外的），可导致人员伤亡、设备损坏、财产损失以及环境危害的事件。.

常见的几类事故：

① 伤亡事故，简称伤害，是个人或集体在行动过程中，接触了与周围条件有关的外来能量，该能量作用于人体，致使人体生理机能部分或全部损伤的现象。

② 一般事故，也称无伤害事故，这是指人身没有受到伤害或只受微伤，停工短暂或与人的生理机能障碍无关的未遂事故。

③ 未遂事故是指有可能造成严重后果，但由于其偶然因素，实际上没有造成严重后果的事件。

④ 二次事故是指由外部事件或事故引发的事故。

事故管理中有海因里希法则，有 300 个隐患、危险源、习惯性违章，就有可能出现 29 个事故，其中包括一般性事故；而 29 个事故，就可能引发 1 个重特大事故。事故产生的原因主要是由于物的不安全状态、人的不安全行为、环境因素和管理缺陷。

2）事故致因理论与安全管理原理

事故的基本特征是：事故的因果性、事故的偶然性、必然性和规律性、事故的潜伏性、再现性和可预测性。

在研究事故形成时，一般认为有五种事故致因理论，这就是事故因果连锁理论（海因里希、博德事故、亚当斯事故、北川彻三事故）；能量意外转移理论；基于人体信息处理的人失误事故模型（威格尔斯沃思模型、瑟利模型、劳伦斯模型）；动态变化理论；轨迹交叉论。图 3-1 为安全风险致因图，图中：①LEC：作业条件危险性评价法；②KYT：危险预知演练；③PPE：个人防护用品；④LOTO：锁定与标志。

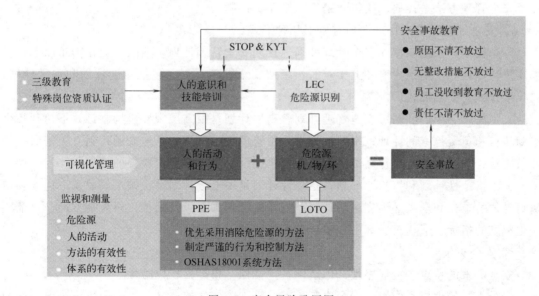

图 3-1 安全风险致因图

现场故事3-1

掩盖过失的猫

有一只猫，总是把自己吹嘘得不得了，对自己的过失却百般掩饰，它捕捉老鼠时，不小心让老鼠逃跑了，于是，它就说，"我是看它太瘦，才放它的，等以后养肥了再说。"它到河边捉鱼，被鲤鱼的尾巴劈脸打了一下，它装出笑脸说："我本来就不想捉它，捉它还不容易？我是要利用它的尾巴来洗脸。"一次，它掉进泥坑里，浑身沾满了泥污，看到伙伴们惊异的目光，它解释道："身上跳蚤多，用这办法治它们，最灵验不过！"后来，它掉进河里。伙伴们打算救它，它说："你们以为我遇到危险了吗？不，我在游泳……"话还没说完，它就沉没了。"走吧！"伙伴们说，"现在，它大概在表演潜水了。"

安全管理的基本原理包括系统原理、人本原理、预防原理、强制原理和责任原理。

① 系统原理。指人们在从事管理工作时，运用系统的观点，理论和方法对管理活动进行充分的系统分析，以达到安全管理的优化目标，即从系统论的角度来认识和处理企业管理中出现的问题。

② 人本原理（以人为本）。动力原则；能级原则（决策、管理、执行、操作）；激励原则。

③ 预防原理。安全第一，预防为主，综合治理；偶然损失原则；因果关系原则；3E原则（工程技术、对策、教育、对策和法制对策）；本质安全化原则。

④ 强制原理。指绝对服从，无须经被管理者同意便可采取控制行动。安全第一原则；监督原则。

⑤ 责任原理。指管理工作必须在合理分工的基础上，明确规定组织各级部门和个人必须完成的工作任务和相应的责任。

3）安全管理方法

安全管理方法是计划、决策、组织、激励、控制。

① 安全计划。安全管理计划有以下几种形式：

一是长期、中期和短期安全管理计划。长期安全管理计划，期限一般在十年以上；中期安全管理计划，期限一般在五年左右；短期安全管理计划，包括年度计划和季度计划，以年度计划为主要形式。

二是高层、中层和基层安全管理计划。高层计划是由高层领导机构制订并下达到整个组织执行和负责检查的计划；中层计划由中层管理机构制订、下达或颁布到有关基层执行并负责检查的计划；基层计划由基层执行机构制订、颁布和负责检查的计划。

三是指令性计划和指导性计划。指令性计划是由上级计划单位按隶属关系下达，要求执行计划的单位和个人必须完成的计划；指导性计划指上级计划单位只规定方向、要求或一定幅度的指标，下达隶属部门和单位参考执行的一种计划形式。

② 安全决策。

安全决策的特点包括程序性；创造性；择优性；指导性；风险性。

安全决策的地位和作用：安全决策是安全管理工作的核心部分；安全决策决定企业的安全发展方向；安全决策是各级安全管理者的主要职责；安全决策贯穿于安全管理活动的全过程。

③ 安全组织。安全组织主要是安全人员配备，一般来说，专职安全管理人员，数量至少要达到员工总数的 2‰~5‰。

④ 安全激励与控制。安全激励方法包括经济激励、刑律激励、精神心理激励、环境激励、自我激励（外部激励、内部激励）。安全系统的控制原则有两种，前馈和后馈控制

方式,首选前馈控制方式,合理使用各种反馈控制方式,包括局部状态反馈、事故后的反馈、负反馈控制、正反馈控制。

(3) 企业安全管理

企业安全管理是指企业在面对安全风险时,通过组织有效的安全管理系统、制定可行的安全措施,来确保企业财产、员工及客户的安全。随着新科技的发展,企业之间的竞争也变得越来越激烈,企业必须在安全管理方面着力提升自身的核心竞争力,以保证企业各方利益的安全。安全管理的一个重要内容就是企业安全策略的制定。企业安全策略的制定应该包括对企业的安全需求做出分析,确定预防性防御措施,以及确定应对安全事件的应急措施。其中,在制定安全策略时,企业应该考虑资产保护、应急计划、安全教育以及安全审计等多方面的内容。

安全管理要求企业制定和实施有效的安全规程、标准、制度以及流程。一些企业都建立了安全管理部门,负责对公司内部安全管理进行实施和监督,这主要包括定期评估公司当前的安全状况,确定安全风险的概率,开展安全管理培训,建立安全文件,以及解决安全事故等。

安全管理还要求企业开展有效的安全审计和安全检查。审计是指对企业安全系统和安全管理过程进行详细的审查,以确保安全系统能够平稳运行,避免发生安全事件。安全检查是指对企业的安全管理过程和技术进行定期检查,以确保安全措施能够符合企业的安全要求。

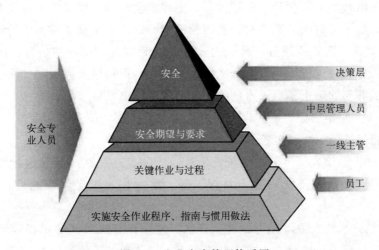

图 3-2　企业安全管理体系图

最后,企业安全管理要求企业持续改进。企业要不断总结安全管理方法的有效性,改善安全管理程序,完善和更新安全策略,根据技术发展进行定期调整,以确保企业安全管理体系能够更好地满足企业安全需求,如图 3-2。

(4) 化工企业安全管理特点与内容

化工工业在现代社会中扮演了重要角色,为经济发展做出了巨大贡献。然而,由于化学品的特殊性质,化工生产中存在安全风险。化工安全是指在化工生产过程中,预防事故和减少安全风险的管理措施。化工事故可能导致人员伤亡、环境破坏和财产损失。

现场故事3-2

猴子摸须

森林里住着一群猴子。有一天,猴子们看到一只熟睡的老虎。无聊中,猴子们打赌:谁能摸摸老虎的胡须,谁就是英雄,就是老大。于是,其中一只胆大的猴子,它发现老虎睡得很香,想着凭自己敏捷的身手,摸一下老虎的胡须是没有问题的。想到这里,它欣然前去,大步跳到老虎旁边,撩起老虎胡须,沾沾自喜地享受围观猴子们的阵阵喝彩。这时,老虎被撩醒了,一睁眼就看到眼前的猴子,轻轻一扑,就把猴子咬住,结果可想而知。这只可怜的猴子临死前叹息道:"我只知道老虎是什么时候睡着,却不知道它什么时候醒来!"

① 化工安全关乎人的生命安全。化工生产中可能接触到有毒、易燃的化学物质,如果管理不善或发生事故,会对员工和周围居民的生命造成威胁。

② 化工安全涉及环境保护。化学品的泄漏或排放会对水体、土壤和大气造成污染,影响生态平衡和生物多样性。

③ 化工安全关系到企业的可持续发展。事故发生后,企业可能面临巨大的赔偿责任,甚至导致停产、关闭,影响企业形象和经济效益。化工企业应高度重视化工安全,采取相应管理措施来预防事故的发生。

1) 化工企业安全管理措施

从化工企业的特质可以看到,要想做好企业的安全管理,就要从人员安全和设备安全入手,从目前市场上的解决方案来看,利用精准实时定位系统是非常不错的解决办法。

① 人员实时精准定位。通过对区域内人员的实时定位,查询其是否在岗、工作时间等,并能够对历史轨迹进行回溯,充分掌握人员何时、何地做何种类型工作。对外来访客的实时定位也能够起到防止私自进入危险化学品区域而引发事故的情况。

② 物资定位。对消防设备、生产材料进行定位,根据定位对移动设备、物料运输车、化工废料垃圾箱等进行智能调度控制。

③ 巡检管理。巡检人员可通过系统查看巡逻时间、巡逻路线等预定计划,系统中给出需要注意的重点和风险点,防止人员误、漏、重操作,切实保证巡检达到安全处理要求。

④ 电子围栏。系统在危险化工原料储存区、危险设备安放区等重要区域设置电子围栏,一旦人员或物资未经授权进入或离开该区域(来访者进入危险区域、员工越岗、超时停留等)系统立即发出预警,防止发生安全事件,确保人员、物资和区域的安全。

⑤ SOS一键告警。系统提供SOS按钮主动报警,管理人员收到信息后,可快速定位报警工人位置,联动监控视频查看现场情况,做出紧急应对措施。

⑥ 智能考勤。可自动生成工厂人员考勤信息,记录打卡时间及位置,并自动统计各时间段内的个人或部门工作时长信息。

⑦ 数据处理。系统可以对所定位的人员和设备的数据进行综合统计,直观地查看现场累积人数、现场实时人员和设备数量、现场热力分布、现场围栏状态实时监测等信息。

⑧ 视频联动。系统与现场监控视频实时联动,当发生告警事件时,可根据位置信息

直接调取监控视频画面。

2) 化工企业安全管理的内容

随着信息技术的快速发展，化工企业面临的安全威胁日益增加。为了保护企业的核心利益并维护业务的持续稳定运行，化工企业安全管理显得尤为重要，其主要内容包括：

① 企业内部安全政策和流程。建立和实施内部安全政策和流程，明确员工的安全责任和行为规范。例如，限制员工的访问权限，要求使用复杂的密码等。

② 企业安全培训和意识提升。为员工提供安全培训，帮助他们了解安全风险和应对措施。同时，通过各种途径提升员工对安全的意识，如邮件提醒、海报宣传等。

③ 化工企业安全风险评估和管理。对化工企业可能面临的各种威胁和风险进行评估，并制定相应的管理措施和应急预案。这包括对物理安全、网络安全、人员安全等方面的风险进行评估和管理。

④ 企业安全设备和技术的应用。采用适当的安全设备和技术，如安全摄像头、入侵检测系统、防火墙等，用于保护企业的物理和网络安全。

⑤ 企业外部安全合作和监管。与相关的安全机构和企业合作，共同提升企业安全水平，并且遵守相关的法律法规，接受监管部门的检查和审查。

⑥ 企业安全事件管理和应急响应。建立相应的安全事件管理和应急响应机制，能够及时应对和处理安全事件，并对事件进行调查和分析，以避免类似事件再次发生。

⑦ 化工企业安全审计和监控。进行定期的安全审计和监控，对企业的安全措施和流程进行评估和检查，发现问题并及时进行纠正。

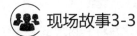 现场故事3-3

猴子捞月新说

一天晚上，森林里的猴子发现月亮掉进深潭里，越来越深，害怕失去月亮，会变得黑暗。为此，动物王国所有人员聚集深潭边，盼望有人能捞起月亮。和上一次一样，上面的一只猴子用尾巴钩住树干，一个挨一个依次抱着下面的猴子。担任安全的老虎说："你们要系好安全带"。其中一个猴子说："上一次没有系安全带就没事，这一次也不会出事的"，它们拒绝接受老虎的建议。随着猴子数量的增加，越来越沉，上面的一只猴子终因力不可支，松开了尾巴，许多猴子都掉进了深潭里。动物王国于是沉浸在一片悲痛之中。

对于不同类型和规模的化工企业，安全管理的内容可能会有所不同。

3.1.2 化工企业安全管理体系

(1) 企业安全管理体系

1) 安全生产管理体系的概念与重要性

安全生产管理体系（SMS）是指一个以管理为基础，依据国家相关标准，包括制度、方法、工艺、控制等的、能够预防、控制、减少和消除生产过程中的各种可能危害和事故的系统。它包括安全生产与企业战略、安全法律法规、安全政策与目标、安全教育培训与意识、安全责任与机构、安全风险评估与分析、安全控制与预防、安全事故报告与处理等方面。

安全生产管理体系的重要性如下：

第一，保障员工身体健康与生命安全。安全生产管理体系是企业安全管理的基础，对于员工的身体健康与生命安全具有非常重要的保障作用。通过落实安全管理制度，加强安全生产教育，通过科学合理的安全生产流程，可以预防潜在的危险并给员工提供很好的安全保障。

第二，提高企业安全管理水平。安全生产管理体系建立一套完整的管理系统，能够全面管理企业安全生产的各环节，形成政策、标准和实施程序，使企业在生产工作中具有一定的控制力和灵活性，从而提高了企业安全管理水平。

第三，增强企业信誉度和竞争力。安全生产管理体系不仅是企业基础，也是社会安全的保障。建立完善的安全生产管理体系，意味着企业具有一定的安全生产保障能力，能够预防可能发生的安全事故，加强对企业品牌形象的保护和提高企业的信誉度，这对企业的竞争力和市场地位有着重要的意义。

2）企业安全管理体系要素

安全管理体系是指企业为了保障员工和财产安全而建立的一套完整的管理体系。一个健全的安全管理体系可以确保员工的生命和财产得到有效的保护，同时也能提高企业的安全生产水平和竞争力。安全管理体系包括12个要素：

要素一，领导承诺。企业的高层管理人员需要充分认识到安全管理的重要性，并积极参与其中，展示出对安全的持续关注和承诺。

要素二，政策和目标。企业需要制定明确的安全政策和目标，并将其传达给全体员工，以确保员工能够理解和遵守企业的安全管理规定。

要素三，责任和授权。企业需要明确划分安全管理的责任和权限，并将其落实到各个部门和岗位，确保每个员工都能够清楚自己的安全管理职责。

要素四，风险评估。企业需要对潜在的危险和风险进行评估，识别可能导致安全事故的因素，并采取相应的措施进行预防和控制。

要素五，培训和教育。企业需要为员工提供必要的安全培训和教育，确保员工具备相应的安全知识和技能，能够正确应对紧急情况和危险情况。

要素六，沟通和参与。企业需要建立有效的沟通机制，确保员工能够及时了解安全管理情况，并积极参与到安全管理中，提出自己的意见和建议。

要素七，安全控制。企业需要建立安全管理的制度和程序，包括安全检查、安全标准和安全操作规程等，以确保员工在工作中能够严格遵守安全要求。

要素八，事故调查和报告。企业需要建立事故调查和报告机制，对发生的安全事故进行彻底调查，找出事故的原因和教训，并采取相应的措施进行改进和预防。

要素九，应急准备和响应。企业需要建立应急救援队伍和应急预案，定期组织应急演练，提高员工的应急处置能力，确保在紧急情况下能够迅速有效地进行处置。

要素十，持续改进。企业需要进行定期的安全管理评估和审核，及时发现和纠正存在的问题，不断完善和提升安全管理水平。

要素十一，供应商管理。企业需要对供应商进行审核和评估，确保他们符合企业的安全管理要求，并与供应商建立良好的合作关系，共同提高供应链的安全管理水平。

要素十二，绩效评估和奖惩机制。企业需要建立安全绩效评估和奖惩机制，对安全管理的成绩进行评估和表彰，并对安全违规行为进行惩罚，以激励员工积极参与安全管理。

通过落实以上12个要素，企业可以建立一个完善的安全管理体系，提高员工的安全意识和安全风险防范能力，有效降低安全事故的发生概率。

(2) 化工企业安全管理体系

1) 化工企业安全管理体系的内容

在化工行业的生产过程中，由于涉及到大量的危险化学品使用和操作，安全管理显得尤为重要。为了确保生产过程中的安全，化工企业需要建立并完善生产安全管理体系，以预防事故的发生，保障员工和环境的安全。

① 安全目标和原则。化工行业的生产安全管理体系的建立首先应明确安全目标和原则。安全目标是指化工企业对安全工作所追求的目标，如零事故、零污染等。安全原则是在达成安全目标的过程中应遵循的基本原则，如科学规划、预防为主、全员参与、追求持续改进等。

② 组织结构和职责。化工企业应建立相应的安全管理组织，明确各级管理层的职责和权限。一般而言，化工企业的安全组织结构可由总经理作为安全生产第一责任人，设立安全生产部门负责具体的安全工作，同时还需成立安全委员会以及各级安全管理人员。

③ 风险评估和控制。风险评估是化工企业生产安全管理体系的核心环节，通过对生产过程中可能存在的危险源进行识别和评估，及时采取措施进行风险控制，以预防事故的发生。对于高风险环节和危险化学品的使用，还应建立相应的管理制度和应急预案，确保事故发生时能够及时、有效地进行应对和处置。

④ 培训和教育。化工企业应加强员工的安全意识和技能培训，通过不定期组织各类安全教育活动，提高员工的安全防范意识和应急处置能力。此外，还应建立健全的安全培训档案，记录和管理员工的培训情况，确保培训的有效性和持续性。

⑤ 监督和检查。监督和检查是化工企业生产安全管理体系运行的有效手段，旨在发现和纠正存在的安全隐患和问题。化工企业应建立定期的安全检查制度，设置专门的安全检查人员，对各项安全管理措施进行全面检查和评估，及时发现并整改存在的问题。

⑥ 事故报告和处置。化工企业应建立健全的事故报告和处置制度，并加强对事故调查与分析的能力，以便及时了解事故的原因和经验教训，并采取相应的改进措施避免类似事件再次发生。

⑦ 持续改进。化工企业的生产安全管理体系应不断进行持续改进，利用科技手段提高安全监测和管理水平，引进和应用新技术、新设备，以提高生产过程的安全性和可控性。同时，还需开展安全文化建设，形成良好的安全氛围和安全生产习惯。

2) 化工企业安全管理体系构建方法

① 认真贯彻落实国家有关安全生产的法律法规和标准技术规范，学习借鉴先进的企业安全管理理念、管理方法和管理体系，建立涵盖企业生产经营全方位，包括经营理念、工作指导思想、标准技术文件、实施程序等一整套安全管理文件、目标计划、实施、考核、持续改进的全过程控制的安全管理科学体系。

② 建立安全策略。化工企业应该制定具体的安全策略和目标，并将其与企业发展

战略相结合。安全策略应该明确安全责任和目标,以及资源投入和绩效评估等方面的要求。

③ 安全风险评估。通过对化工生产过程的风险评估,确定潜在的安全风险,并制定相应的应对措施。可以采用风险评估工具如风险矩阵或层次分析法,确定和评估各项风险的优先级和紧急程度,然后制定有效的控制措施。

④ 建立标准化管理制度。化工企业应该根据相关法规和标准建立一套完善的管理制度,包括安全生产手册、应急预案、事故报告和调查程序等。这些制度应该明确规定岗位职责、操作规范和应急处置步骤,确保员工能够正确应对各种安全风险和突发事件。

⑤ 培训与教育。化工企业应该定期为员工开展安全培训和教育活动,提高员工的安全意识和操作技能。培训内容可以包括安全操作规程、应急救援知识和危险化学品的性质等方面,通过不断地培训和教育,提高员工对安全生产的重视程度。

⑥ 持续改进。化工企业应该建立一个持续改进的机制,定期对安全生产管理体系进行评估和审查,发现问题并制定相应的改进措施。同时,通过总结和分享安全事故经验教训,加强安全管理,提高整体安全水平。

3.1.3 化工企业过程安全管理

化工过程(chemical process)伴随易燃易爆、有毒有害等物料和产品,涉及工艺、设备、仪表、电气等多个专业和复杂的公用工程系统。加强化工过程安全管理,是国际先进的重大工业事故预防和控制方法,是企业及时消除安全隐患、预防事故、构建安全生产长效机制的重要基础性工作。过程安全管理(PSM)是根据美国OSHA有关PSM标准得来的,1996年美国环境保护署(EPA)又将过程安全的监管范围扩展到了环境和公众安全。过程安全管理(PSM)的定义:运用管理系统和控制于一个生产过程,使过程危害得到识别,得到理解和得到控制,致使与生产过程相关的伤害和事故得到预防。

(1) 化工过程安全管理的要素

结合国家化工过程安全管理体系标准,化工过程安全管理的要素包括:

第一,工艺安全信息。主要包括高危化学品(HHC)危害信息,工艺技术和工艺设备信息等,例如:

一是MSDS(或安全标签、安全标示等);

二是化学品相容性列表(CRW4软件可以辅助分析);

三是化学品与材料的相容性列表;

四是放热反应的临界量(根据反应热信息确定绝热温升和TD24值,包括物质热稳定性);

五是工艺技术;六是P&ID(管道及仪表流程图)。

第二,员工参与。管理层必须组织和领导过程安全管理(PSM)体系初期的启动,但员工必须在实施和改进上充分参与进来。

第三,过程危害分析。工艺危害分析是用于辨识、评估和制定出控制与高危害工艺(HHP)有关的重大危害的方法,常用的工艺危害分析工具方法有:

一是故障假设/检查表(What If/Checklists);

二是危险和可操作性研究（HAZOP）；

三是故障类型和影响分析（FMEA）；

四是故障树分析（Fault Tree Analysis）；

五是风险矩阵（Risk Matrix）；

六是定量风险评估（Quantitative Risk Analysis）；

七是保护层分析（LOPA）等。

第四，操作规程。操作规程必须能够使每个员工清楚地了解安全操作的详细操作参数和极限值，同时清楚地解释在工艺极限值之外操作对安全、健康和环保产生的后果，以及阐述校正和避免偏差所应采取的步骤。还应制定安全工作实践以确保在工艺区域安全进行非常规工作的操作和维护活动，包括执行工作之前的工作许可和授权规定。

第五，培训。应制定和实施适当的培训方针和计划，培训必须要效果验证。培训是这些要素实施的基础，没有良好的培训和培训效果，这些工作很难被开展。包括：

一是人员要求；

二是培训师资格；

三是基本技能；

四是工作任务；

五是紧急反应和控制；

六是复习和补充培训；

七是记录保存。

第六，承包商管理。应制定和执行承包商安全管理程序，以确保所有的任务都应按制定的程序/或安全工作实践安全地完成，不管任务是由工厂员工或承包商员工来完成：

一是将与承包商工作和工艺有关的已知潜在危险通知每个承包商；

二是每个承包商员工都接受并了解工厂安全规定和适用的设施安全工作实践的培训；

三是每个承包商员工都遵循安全规定和适用的设施安全工作实践；

四是保存并定期评估承包商的安全表现。

第七，开车前安全评审。应对所有新的或修改后工艺技术需有所变更的设施进行开车前安全评审。

第八，设备完整性。机械完整性程序保证处理危险物质的系统的完整性，从设备的安装到其结束使用的全生命周期。其涉及内容：

一是维修程序；

二是维修人员的培训和表现；

三是质量控制程序；

四是设备试验和测试，包括预期的和预防性的维修；

五是修复和变更；

六是可靠性工程。

第九，动火作业许可（此处扩展到高危作业许可）。在开始任何涉及开放式火焰或会产生高热和/或火花的临时性工序之前，都必须到国家安全部申请办理此动火作业许可。

第十，变更管理。所有变更必须经过可靠的评审，包括工艺安全方面的评审，要有适当的文件化记录，并且由合适级别的管理层批准：

一是人员变更管理；

二是设备变更管理；

三是技术变更管理。

第十一，事故调查。应彻底地调查所事故根本原因，采取有效的预防措施，避免事故重复发生；所有的事故报告中的建议整改措施必须如期完成；调查结果和行动计划应加以文件化并与事故报告档案一起保存。

第十二，应急响应。应进行和使用后果分析对紧急计划和反应提供信息（后果分析可以采用 ALOHA 或其他定量分析软件进行模拟）。制定书面紧急行动计划：

一是建立应急响应小组；

二是根据风险评估，制定应急预案和演练计划；

三是根据应急演练计划定期进行演练（桌面演练和现场演练）。

第十三，符合性审核。建立审核程序来审核所有要素，符合性审核至少每三年一次，通过审核来保证持续改进：

一是自我审核；

二是第二方审核。

第十四，商业保密。

(2) 化工过程安全管理的主要内容和任务

化工企业过程安全管理是指在化工生产过程中，通过对生产过程中可能出现的危险因素进行评估和控制，从而保障生产过程的安全性和稳定性。化工企业过程安全管理的重要性不言而喻，因为化工生产过程中存在着很多危险因素，一旦出现事故，不仅会造成人员伤亡和财产损失，还会对环境造成严重污染，甚至影响整个社会的稳定。化工过程安全管理的主要内容包括：风险评估与管理、安全操作规程、事故应急预案、培训与教育、安全检查与监督。

① 风险评估与管理。通过对化工生产过程中的各个环节进行全面的风险评估，识别和评估潜在的危险因素和风险源。在评估的基础上，制定相应的风险管理措施，采取各种控制措施，降低风险发生的可能性和后果，确保生产过程的安全可靠。

② 安全操作规程。通过制定和完善安全操作规程，规范和约束从事化工生产过程的人员的行为，明确各个环节的操作要求和注意事项，提高操作人员的安全意识和技能，减少操作人员的操作失误和事故的发生。

③ 事故应急预案。通过制定和实施事故应急预案，明确各种突发事件的应急处理措施和责任分工，提前演练应急预案，提高应对突发事件的能力和效率，最大程度地减少事故损失和影响。

④ 培训与教育。通过对从事化工生产过程的人员进行安全培训和教育，提高其安全意识和技能，使其能够正确理解和执行安全操作规程，正确应对突发事件，提高事故预防和应急处理的能力。

⑤ 安全检查与监督。通过定期的安全检查和监督，发现和纠正化工生产过程中存在的安全隐患和风险，确保各项安全措施的有效实施，及时发现和排除事故隐患，确保化工

生产过程的安全可靠。

化工企业过程安全管理的具体措施包括以下几个方面：

① 建立完善的安全管理体系。化工企业应该建立完善的安全管理体系，包括安全管理制度、安全管理规程、安全管理手册等，明确各级管理人员和员工的职责和义务，确保安全管理工作的有效开展。

② 加强安全教育和培训。化工企业应该加强安全教育和培训，提高员工的安全意识和技能，使员工能够正确处理突发事件，有效应对事故。

③ 加强设备维护和管理。化工企业应该加强设备维护和管理，定期检查设备的安全性能，及时发现和排除隐患，确保设备的正常运行。

④ 加强现场管理。化工企业应该加强现场管理，制定现场管理规程，规范现场作业流程，确保现场作业的安全性和稳定性。

⑤ 加强应急管理。化工企业应该加强应急管理，制定应急预案，建立应急机制，提高应急处置能力，确保在事故发生时能够迅速、有效地进行处置。

3.1.4 危险源辨识与事故应急管理

(1) 化工企业危险源辨识

1) 危险源的定义、辨识方法、评估标准

① 危险源的定义。危险源是指可能引起事故、造成人身伤亡、财产损失或者环境破坏的物质、设备、工艺或者环境因素。化工企业的危险源包括但不限于有毒有害物质、高温高压设备、易燃易爆物品、电气设备、储罐、管道等。这些危险源一旦发生事故，可能会对企业、员工、周边居民及环境造成严重的影响。

② 危险源辨识的方法。危险源辨识是指通过对化工企业生产过程中可能存在的危险源进行识别和分析，以确定其潜在的危害性和风险程度。常用的危险源辨识方法包括：

一是场地布局检查法：检查场地布局，观察设备、设施、道路、管线、仓库等是否符合安全要求，是否存在潜在的危险源。

二是设备检查法：检查设备的运转状态、使用年限、维护情况、安装位置是否合理等，以确定设备是否存在安全隐患。

三是工艺检查法：检查工艺流程、化学反应等是否存在危险源，如毒性、易燃等。

四是员工检查法：员工应该参与危险源辨识工作，及时发现安全隐患并提出改进建议。

五是事故分析法：对曾经发生的事故进行分析，找出事故的原因和危险源，并采取相应的措施进行预防和避免。

③ 危险源评估的标准。促进行业的可持续发展。因此，化工企业应高度重视危险源辨识与评估工作，不断完善安全管理体系，确保生产过程的安全稳定。

2) 化工企业危险源内容

① 物质危险源。各种危险化学品、爆炸品、易燃易爆物品等。

② 设备危险源。各种生产设备、储罐、管道系统、加工设备等。

③ 人员危险源。员工在生产中的操作不当、职业病卫生等因素。

④ 环境危险源。周边自然环境和人类活动环境的影响因素。

⑤ 管理危险源。各种管理制度不完善、责任认定不明确等因素。

对于确定危险源，需要综合考虑化工厂的生产过程和现有的风险评价数据等信息，采用专业的危险源辨识方法和工具进行分析和判断。

通过对化工企业生产危险源的辨识和评估，可以及早发现潜在的风险，并制定相应的控制措施，以保障企业现场的安全生产。

（2）化工企业事故应急管理

1）化工企业事故应急处置的流程与步骤

化工企业在生产过程中存在着一定的安全隐患，一旦发生事故，可能导致严重的人员伤亡和环境破坏。为了能够及时有效地应对事故，化工企业需要建立一套完善的事故应急处置流程与步骤。

① 事故报警与通知阶段。化工企业事故发生时，首先需要迅速报警和通知相关人员。

② 事故现场处置与评估阶段。事故报警与通知后，需要立即进行事故现场处置与评估，以便进一步应对事故。

③ 救援与保护阶段。在事故发生初期，需要迅速展开救援与保护工作，以减少人员伤亡和财产损失。

④ 事故调查与整改阶段。事故救援和保护工作完成后，需要进行事故调查与整改，以避免事故的再次发生。

2）化工企业应急救援管理

化工企业是生产危险化学品的企业，由于危险化学品的生产、储存和运输存在着一定的安全风险，所以在应急救援管理方面需要严格控制和管理。化工企业应急救援管理包括应急预案制定、应急演练、应急物资储备和应急队伍建设等方面。

① 应急预案制定。应急预案是一个组织在特定情况下，对应急事件进行有效、及时、科学的处理和控制的一系列措施。因此，化工企业应急预案的制定非常重要。化工企业应急预案应包括基本情况、危险化学品信息、应急组织体系、应急预警、应急处置程序、应急物资储备、应急演练和应急评估等方面的内容。

② 应急演练。在实际应急事件中，应对措施需要实现科学性、合理性、可行性，这需要化工企业开展应急演练。应急演练可以制定出完善的应急预案，提高应急处置的能力。应急演练需要制定演练方案，根据企业生产情况进行定期演练。应急演练可以分为三个层次：

初级演练、中级演练和高级演练。初级演练主要是对应急预案流程的简单测试和人员的疏散；

中级演练是在初级演练的基础上增加了现场救援和应急物资储备的使用等内容；

高级演练是涉及多个部门和外部机构的合作、大规模疏散和应急救援的实施。

化工企业应急演练需要增加演练次数，让人员能够真正理解应急预案流程，养成应急反应的敏感性，加强团队合作精神。

③ 应急物资储备。化工企业应急物资储备是指为应对突发事件进行应急救援的各种物质和设备的储备和管理。应急物资储备主要包括防护设备、医疗救护、救援工具和消防

设备等。应急物资储备的管理需要制定详细的管理制度，每年进行定期检查、检测和更新，保证应急物资的完整性和有效性。

④ 应急队伍建设。化工企业应急队伍建设包括基础队伍建设、应急救援队伍建设和培训教育等内容。应急队伍的建设需要企业领导高度重视，将其作为企业安全管理的重点，加强对应急队伍培训、装备和训练。应急救援队伍的组织应根据化工企业的实际情况和应急预案的实施要求。

3.2 化工企业现场质量管理

3.2.1 质量管理与体系

(1) 质量管理概述

1) 质量与质量特性

质量是产品或工作的优劣程度几种关于质量的定义如下：

定义1：美国质量管理专家克劳斯比从生产者的角度出发，曾把质量概括为：产品符合规定要求的程度；

定义2：美国的质量管理大师德鲁克认为：质量就是满足需要；

定义3：全面质量控制的创始人菲根堡姆认为：产品或服务质量是指营销、设计、制造、维修中各种特性的综合体；

定义4：ISO 9000 标准的定义质量指一组固有特性，满足要求的程度。是什么样的程度呢？是满足要求的程度，是谁满足要求的程度？是一组固有特性，满足要求的程度。

从根本上讲，质量是反映实体满足明确或隐含需要能力的特性的总和。而实体是能够单独考虑，并加以审查的一件事物，该事物可以是有形的，也可以是无形的。ISO 9000 质量定义突出反映了质量概念的广泛包容性，故对该定义可做如下解释：

① 永久的特性，质量是一组满足明示的、隐含的、或必须履行的需求或期望程度的固有特性，即存在于某种事物中永久的特性，如汽车可以代步，这是汽车的永久特性之一。

② 明示的需求或期望。指合同中直接明确的规定或合同中明确的标准，也就是明确指明执行哪一标准，是执行国家标准还是执行部颁标准，是执行美国标准还是执行欧洲标准等，再有，如产品或是工程建设及服务标准中规定的要求或其他有关标准。如包装、检验标准中规定的特性要求。有的要求用纸箱，有的要求用木箱，用多大规格的箱体等。

③ 必须履行的特性。指有关法律、法规规定的特性，如汽车的排放标准，工业污染物的排放等必须符合国家标准。

④ 隐含特性。一般是指组织的惯例或一般习惯。如我们出去旅游时，旅游公司的大客车在晚7点以后，必须停止行车等这就是这家旅游公司的惯例。

⑤ 时间特性。质量要求一般是指产品或是一个过程或体系满足上述要求或期望的固有特性，这些要求往往随时间而变化。因此，产品标准和服务标准应定期修改，以满足质量的动态变化要求。

现场故事3-4

割草的男孩

一个替人割草打工的男孩打电话给一位陈太太说:"您需不需要割草?"陈太太回答说:"不需要了,我已有了割草工。"男孩又说:"我会帮您拔掉花丛中的杂草。"陈太太回答:"我的割草工也做了。"男孩又说:"我会帮您把草与走道的四周割齐。"陈太太说:"我请的那人也已做了,谢谢你,我不需要新的割草工人。"男孩便挂了电话,此时男孩的室友问他说:"你不是就在陈太太那割草打工吗?为什么还要打这电话?"男孩说:"我只是想知道我做得有多好!"。

质量有以下几种特性:

① 技术性或理化性的质量特性,如机械零件的刚性、弹性、耐磨性;汽车的牵引力、耗油量、尾气排放量等。技术性的质量特性是可以用理化检测仪器精确测定的,是可以定量的,从而使得人们可以对质量进行更加客观的判断的,是可以用数据说话的。

② 心理方面的质量特性,如食品的味道,汽车象征的地位和气派等。心理方面的质量特性反映了顾客的心理感觉和审美价值,人们的心理感觉和审美价值千差万别,很难用准确的数据来衡量。心理方面的质量特性可以构成产品的"独家特色"构成产品对每一具体用户的"适用性",因此,在消费品领域非常重要,所以来访的国家元首要用大奔去接机,而不能用捷达,那是一种身份的象征,是一种心理的需要。

③ 时间方面的质量特性,如耐用品的"可靠性、可维修性、精度保持性、电力供应的及时性"等。时间方面的质量特性是同产品使用寿命周期费用相联系的,产品使用过程的及时性、可靠性、可维修性及使用费用等都极大地影响着顾客对产品的质量评价。为什么日系汽车在美国受欢迎,因为它耗油少,且可靠性、可维修性也还可以,所以它在美国市场上有一定的消费群体。

④ 安全方面的质量特性,产品的使用不仅要可靠、及时,更重要的是可能给顾客造成伤害和事故。因此,产品必须有保证条款,有各种安全措施。重视安全方面的质量特性,对于企业避免产品责任问题的发生具有极为重要的意义。

⑤ 社会方面的质量特性。在考虑质量特性的内容时,不仅考虑满足顾客需要,还必须考虑法律、法规、环保及社会理论等有关社会整体利益方面的要求。毒品是可以满足吸毒者要的,但生产毒品那时国法所不允许的,就是再有利可图,守法的企业也是不能染指的。

作为社会经济发展战略因素,质量的作用比以往任何历史时期都重要。质量既是国内外市场中竞争的这手段,又是一个国家民族素质、科技水平和经济水平的综合反映,同时还是对社会安全和生存环境的种种威胁的防御力量。为此,美国著名管理专家朱兰提出了"质量堤坝"的概念。

狭义的质量——指产品质量;

广义的质量——除产品质量外还包括工作质量。

2)产品质量与特性

产品是"过程的结果",它包括服务(如运输)、硬件(如机械零件)、流程性材料

（如润滑油）、软件（如计算机程序、字典等）及其组合。产品质量是指产品的一组固有特性满足要求的程度，也就是指产品的有用性，即产品适合一定用途，能够满足国家建设和人民生活所具备的质量特性。凡是对产品的使用目的所提出的各项要求都属于这种特性。因此，在产品生产之初，应充分识别顾客的需要和期望，把这种需要和期望转化为产品的质量特性，通过产品的设计、生产、包装、运输、交付使用和售后服务等产品实现环节，将质量特性的技术、经济、环境、心理、生理的参数或指标固化在产品中，从而形成产品的固有特性。

产品质量特性的含义很重，大体可分为以下几个方面：物质、操作运行、结构、时间、经济、外观、心理和生理等，也可归纳为：产品的性能、寿命、可靠性、安全性、经济性等五个方面。

3）质量管理

质量管理是企业为了使其产品质量能满足不断更新的市场质量要求而开展的策划、组织、计划、实施、检查、改进等管理活动的总和，是企业中各级管理者的职责，其具体实施涉及企业内的所有职工，但必须由企业最高管理者领导。质量管理是一种组织管理的方法，旨在促进产品或服务达到预期的质量要求，并满足客户的需求和期望。它起源于工业革命后期，当时制造业迅速发展，出现了大量产品质量问题。质量管理的出现目的是通过规范和标准化的管理方法来解决这些问题，提高产品的质量。

质量管理对于企业的长期发展和竞争力至关重要：质量管理可以帮助组织提高产品的一致性和可靠性，降低产品缺陷率，提高产品的竞争力；通过质量管理，组织可以更好地了解客户需求，并提供质量稳定的产品或服务，从而提升客户满意度和忠诚度；质量管理可以通过减少产品或服务的问题和缺陷，降低生产成本和售后维修费用；优质的产品或服务可以树立组织的品牌形象和声誉，增强市场竞争力。

质量管理有四项基本原则：

① 客户导向：质量管理的首要原则是以客户为中心。组织必须了解客户的需求和期望，并将其作为质量管理的核心指导。

② 预防性管理：质量管理注重预防问题的发生，而不是简单地纠正问题。通过建立并执行有效的预防措施，可以降低质量风险并提高产品或服务的一致性。

③ 持续改进：质量管理是一个不断改进的过程。通过持续改进，组织可以不断提高产品或服务的质量，以满足客户的不断变化的需求和期望。

④ 以事实为依据的决策：质量管理注重数据分析和事实的基础上做出决策。通过收集和分析准确可靠的数据，可以制定有效的质量管理策略和措施。

企业进行质量管理的基本方法有以下几种：

① ISO 体系。国际标准化组织制定的 ISO 9000 系列标准是目前最常用的质量管理体系标准。该标准提供了一套质量管理的基本要求和指南，帮助组织规范管理体系，提高产品或服务的质量。

② 全员参与。质量管理需要全员参与，每个员工要对自己的工作质量负责。通过培训和教育，提高员工对质量管理的认识和意识，激发他们的工作动力。

③ 流程管控：质量管理要求对各个环节和流程进行管控。通过标准化的工作程序和

流程，规范操作，减少误差和变异，提高工作效率和产品质量。

④ PDCA 循环：PDCA 循环是质量管理的基本方法之一，即计划、执行、检查和行动。通过不断循环这个过程，不断优化和改进质量管理体系。

(2) 质量管理体系

质量管理体系（QMS）是指在质量方面指挥和控制组织的管理体系。质量管理体系是组织内部建立的、为实现质量目标所必需的、系统的质量管理模式，是组织的一项战略决策。质量管理体系将资源与过程结合，以过程管理方法进行的系统管理，据企业特点选用若干体系要素加以组合，一般包括与管理活动、资源提供、产品实现以及测量、分析与改进活动相关的过程组成，可以理解为涵盖了从确定顾客需求、设计研制、生产、检验、销售、交付之前全过程的策划、实施、监控、纠正与改进活动的要求，一般以文件化的方式，成为组织内部质量管理工作的要求。

针对质量管理体系的要求，国际标准化组织的质量管理和质量保证技术委员会制定了 ISO 9000 族系列标准，以适用于不同类型、产品、规模与性质的组织，在此标准基础上，不同的行业又制定了相应的技术规范，汽车 TS16949（后改为 IATF16949），ISO 13485《医疗器械质量管理体系用于法规的要求》。企业可以通过以下步骤建立自己的质量管理体系：

一是企业领导决策是关键环节，企业最高管理者应做出质量体系贯标和认证的决策，从上往下推行；

二是编制质量工作计划，设立推行小组，明确职责和推进计划时间安排、明确过程的策划；明确质量方针及质量目标的制定等等；

三是企业内审员及相关人员培训，管理人员应知道了解标准的由来，掌握标准的主要内容和用途，理解贯标的意义。

ISO 9001 文件体系分为五级：一级质量方针，二级质量手册，三级程序文件，四级作业指导书，五级记录表单。

① 质量手册的编制。依据标准，结合公司的实际情况，确定适用的质量管理体系条款；确定并列出现行适用的质量方针、目标和程序或编制相应的计划；确定手册的格式和结构；根据确定的格式和结构将现有文件分类；完成手册的草案编制；进行审查、修改，以保证清晰、准确、适用和结构合理；批准、发布、实施，执行"PDCA"方法，不断改进完善。

② 程序文件的编制。对现行文件进行分析——对公司现行的各种企业标准、制度和规定等文件进行一次清理和检查，以标准要求的程序文件要求为尺度，保证质量管理体系的有效运行；

③ 编制程序文件明细表。根据质量管理体系总体设计的质量要求，明确应编制的程序文件目录，对照已有的各种文件，确定需要新编、改进和完善的程序文件，制订计划逐步编制；确定程序文件的结构和格式；完成所有程序文件的草案编制；进行审查、修改，以保证清晰、准确、适用和结构合理；批准、发布、实施，执行"PDCA"方法，不断改进完善。

④ 详细作业文件的编制。编写时应坚持"最实际、最有效"的原则，应具有良好的

可操作性；内容上应用5W1H原则，可采用不同方式组织，实现唯一性理解；具体的编写步骤和编写内容及要求可参照程序文件的编制。

⑤ 记录的编制。记录的设计应与编制程序文件/详细作业文件同步进行，并与它们协调一致、接口清楚；编制记录的总体要求的文件——根据质量手册和程序文件以及质量可追溯性要求，对体系所需的记录进行规划，同时对表单的标示、编目、表式、表名内容、审批程序以及要求作出统一规定。

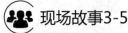 现场故事3-5

降落伞的真实故事

这是一个发生在第二次世界大战中期，美国空军和降落伞制造商之间的真实故事。在当时，降落伞的安全度不够完美，即使经过厂商努力地改善，降落伞制造商生产的降落伞的良品率已经达到了99.9%，应该说这个良品率即使现在许多企业也很难达到，但是美国空军却对此公司说No，他们要求所交降落伞的合格率必须达到100%。

于是降落伞制造商的总经理便专程去飞行大队商讨此事，看是否能够降低这个水准。因为厂商认为，能够达到这个程度已接近完美，没有什么必要再改。当然美国空军一口回绝，因为品质没有折扣。

后来，军方要求改变了检查品质的方法。那就是从厂商前一周交货的降落伞中，随机挑出一个，让厂商负责人装备上身后亲自从飞行中的机身跳下。这个方法实施后，不良率立刻变成零。

(3) TQM 全面质量管理

全面质量管理（Total Quality Management，TQM）是指一个组织以质量为中心，以全员参与为基础，目的在于通过让顾客满意和本组织所有成员及社会受益而达到长期成功的管理途径。全面质量管理就是企业全体职工及有关部门同心协力，把专业技术、经营管理、数理统计和思想教育结合起来，使产品质量产生、形成和实现全过程中的所有保证和提高产品质量的活动构成为一个有效的体系，从而充分地利用人力、物力、财力、信息等资源，以最经济的手段生产出顾客满意的产品。

20世纪50年代末，美国通用电气公司的费根堡姆和质量管理专家朱兰提出了"全面质量管理"的概念，认为"全面质量管理是为了能够在最经济的水平上，并思考到充分满足客户要求的条件下进行生产和带给服务，把企业各部门在研制质量、维持质量和提高质量的活动中构成为一体的一种有效体系"。20世纪60年代初，美国一些企业根据行为管理科学的理论，在企业的质量管理中开展了依靠职工"自我控制"的"无缺陷运动"，日本在工业企业中开展质量管理小组活动行，使全面质量管理活动迅速发展起来。

全面质量管理有以下特点：

第一，全面性的质量管理。全面性的质量管理包括三个方面的内容。

一是管理对象的全面性；

二是管理方法的全面性；

三是经济效益的全面性。

第二，全过程的质量管理。不仅要对产品质量制造过程进行质量管理，而且要对产品的市场调查、设计过程、销售直至售后服务等环节进行总体的质量管理。企业为了实现全过程的质量管理，就必须建立企业的质量管理体系，将企业的所有员工和各个部门的质量管理活动有机地组织起来，将产品质量产生、形成和实现全过程的各种影响因素和环节都纳入到质量管理的范畴。

第三，全员参与的质量管理。质量管理，人人有责。加强质量管理不是某个部门的少数几个人的工作，而是许多部门，特别是包括技术部门在内的有关科室和生产车间的共同任务。企业全体职工根据各自的岗位特点，为提高产品质量、加强质量管理尽各自的职责。全面质量管理要求专职质检人员、质量控制人员、质量管理人员参与，还要求所有管理人员、生产服务人员和相关的消费者共同参与。要注意培养人员质量管理意识，人人关心产品质量，个个对质量负责，建立健全质量责任制，积极开展QC小组活动。

全面质量管理的基本方法能够概况为四句话十八字，即：一个过程，四个阶段，八个步骤，数理统计方法。

① 一个过程，即企业管理是一个过程。企业在不一样时间内，应完成不一样的工作任务。企业的每项生产经营活动，都有一个产生、构成、实施和验证的过程。

② 四个阶段，根据管理是一个过程的理论，美国的戴明博士把它运用到质量管理中来，总结出"计划—执行—检查—处理"四阶段的循环方式，简称PDCA循环，又称"戴明循环"。

③ 八个步骤，为了解决和改善质量问题，PDCA循环中的四个阶段还能够具体划分为八个步骤。

第一，计划阶段的四个步骤。

一是分析现状，找出存在的质量问题，这一步是了解当前的质量状况，识别存在的问题和挑战；

二是分析产生质量问题的各种原因或影响因素；

三是找出影响质量的主要因素，识别出对质量影响最大的因素，以便集中资源和努力解决；

四是针对影响质量的主要因素，提出计划，制定措施，根据分析结果，制定具体的改进计划或措施。

第二，执行阶段的一个步骤。按照计划执行改进措施，确保所有相关人员都了解并遵循这些措施。

第三，检查阶段的一个步骤。通过检查和评估，确认改进措施是否有效，是否达到了预期的目标。

第四，处理阶段的两个步骤。

一是总结经验，巩固成绩，工作结果标准化。总结成功的经验和教训，将成功的做法标准化，以便在未来重复使用；

二是提出尚未解决的问题，转入下一个循环。

这八个步骤构成了一个持续改进的过程，确保质量管理的持续性和有效性。通过不断地循环这八个步骤，企业可以不断提高产品质量和服务水平，满足客户的需求和期望。

④ 在应用PDCA四个循环阶段、八个步骤来解决质量问题时，需要收集和整理超多

的书籍资料，并用科学的方法进行系统的分析。最常用的七种统计方法，即：排列图、因果图、直方图、分层法、相关图、控制图及统计分析表。这套方法是以数理统计为理论基础，不仅科学可靠，而且比较直观。

3.2.2 化工企业现场质量管理

(1) 化工企业质量体系有效性的评价

质量管理体系有效性是对顾客承诺的总结，是满足标准 GB/T 19001—20001。

① 质量方针和质量目标的适宜性和实现情况。是否体现了组织的经营战略和质量承诺，反映了顾客的期望和要求，与组织的实际相适应及目标实现情况，各过程获得的业绩。

② 人力资源、基础设施和工作环境满足要求。如根据测量任务需要选用适当的设备，对关键质量特性配置了满足质量要求的测试条件和具有资格的人员，对生产和服务过程的重要过程，规定了合适的生产设备/方法/人员/适宜环境或开展过程、设备认可，对关键质量特性规定了合适的检测设备/方法/人员/适宜环境，其精密度、准确度满足要求。

③ 主要过程和关键活动达到预期结果。关键质量特性、重要工序的监控包括：人（培训、持证上岗）、机（日常维护、需要时对设备认可）、料（符合图纸、工艺、保持标示）、法（作业指导书、质量记录、统计技术）、环（符合工作条件要求和相关法规要求）、信息（质量信息过程、反馈渠道畅通），特别是对产品或服务过程的关键质量特性、重要的工艺参数进行监视和控制，并制定了适宜的操作指导文件。

④ 产品与顾客、法律法规和预期用途要求的符合性和稳定性。在策划产品的监视和测量活动时，充分考虑并依据法规/产品标准/内控标准/合同、检验指导书、记录要求等所有必要的基本文件要求明确，原材料、外购件、外协作件进货检验均有书面的检验规程，包括必要的检验要求和放行准则，确定进货检验范围时，考虑了包括外包过程的控制程度和提供合格的证据，并按规定进行，对主要原材料的质量要求满足最终产品的质量要求；有过程检验程序规定并包括必要的检验要求和放行准则，最终产品检测项目完整、检测方法适宜、检测设备充分及检测结果符合规定，记录表明放行者并足以证明产品合格，国家抽查质量情况。

⑤ 顾客满意程度方面。合同履行率提高、顾客投诉抱怨减少、退货率降低，对处理顾客造成的损失、减少顾客对产品质量的投诉意见，均规定了服务内容、实施方式、服务结果验证并实施。

⑥ 数据的收集、分析和利用，持续改进措施的有效性。如供货质量、产品的质量状况及发展趋势，质量目标和各职能层次的目标实现程度，通过认证前后对比，在技术、管理、人员素质以及提高工作效率或产品信誉、市场竞争能力以及顾客满意上的变化。

⑦ 内审、管理评审、纠正/预防措施等自我完善机制的有效性。按计划开展了内部审核，配备具有专业知识和审核能力的审核人员，审核具有一定频次和深度，按规定时间进行管理评审，且具有一定的范围和深度，对评审结果采取了必要的纠正/预防措施，实施有效，验证无效的是否采取了进一步措施，直至问题解决，组织建立自我约束、自我完善、保持与改进的良性循环的管理机制。

⑧ 认证证书及标示的有效性。在哪些场合提供并展示为哪些客户所承认和接受，在提高产品的信誉和市场竞争力方面发挥作用，它们的使用是否符合规定要求。

⑨ 不符合审核、内审过程中发现问题的汇总分析。找出现行体系中存在的薄弱环节，提出改进的建议，寻求发展的空间。

(2) 化工企业现场质量方法

化工行业中，企业质量控制和品质管理至关重要。准确而可靠的质量控制和品质管理方法可确保产品的质量，提高客户满意度，确保企业可持续发展。

① 原材料选择与检测。在化工生产过程中，选取和使用高质量的原材料是保证产品质量的首要步骤。选择合适的原材料供应商，并确保他们具备适当的质量管理和可追溯性。进行原材料的实验室检测，以确保其符合相关质量标准和规范。

② 生产过程控制。化工行业的生产过程复杂多变，因此有效的生产过程控制至关重要。通过建立严格的生产工艺和程序，并结合自动化技术进行监视和调节，可以确保生产过程的稳定性和可重复性。例如，通过使用传感器和自动控制系统，对关键参数进行实时监测和调整。

③ 质量标准和检测方法。制定和实施适当的质量标准是质量控制和品质管理的基础。化工企业需要根据产品特性和需求，制定严格的标准，包括物理性质、化学成分、纯度等指标。同时，建立适当的检测方法和技术，用于对产品进行定性和定量分析。

④ 控制图和统计过程控制。控制图和统计过程控制是化工行业中常用的质量控制方法。通过收集、分析和解释过程数据，可以及时发现生产过程中的异常，对异常情况进行控制和调整，以保证产品的稳定性和可靠性。

⑤ 品质管理体系。建立和实施品质管理体系是化工企业确保产品质量的关键手段之一。品质管理体系包括质量方针、目标和计划的制定，与供应商的合作，员工培训和教育，以及持续改进等方面。通过建立完善的品质管理体系，企业可以不断提升产品质量和管理水平。

⑥ 客户反馈和投诉处理。化工企业应积极倾听客户的反馈和投诉，并及时处理。建立有效的客户反馈机制，对客户反馈和投诉进行记录、分析和跟踪，并采取适当的纠正和预防措施，以提高产品质量和提升客户满意度。

⑦ 持续改进。持续改进是质量控制和品质管理的核心理念。化工企业应建立一套科学的改进机制，包括制定改进计划、设立改进目标、组织改进项目、评估改进效果等。通过持续改进，不断提高产品质量和生产效率，以适应市场竞争的需求。

3.3　化工企业现场环境管理

3.3.1　化工企业现场环境管理的内容与措施

对于化工企业而言，加强现场环境管理不仅是社会责任，更是可持续发展的必然要求。当下我国化工企业现场环境管理的现状表现：

一是企业的现场环境管理水平参差不齐，存在一些企业对环保政策法规不够重视的情况；

二是部分化工企业存在着技术和设备陈旧、能耗较高的问题,导致了现场环境污染;

三是一些企业缺乏环境管理意识和责任感,对环境管理,尤其是现场环境管理工作不够积极。

(1) 化工企业现场环境管理的内容

1) 化工企业现场环境控制

化工企业生产现场是化工企业的核心部分,为了确保生产过程的安全和产品的质量,合理的环境控制是必不可少的。化工生产现场环境控制对生产过程和员工健康至关重要,需要在以下方面有效防范:

① 合理的温度和湿度控制可以保证生产过程的稳定进行。对于一些需要特定温度和湿度条件下进行的化学反应,环境参数的控制是确保反应过程的关键。同时,高温高湿或者低温低湿的环境可能导致产品质量变差或者损坏。

② 化工生产车间通常存在有害气体的排放和防护问题。化学物质的泄漏可能对员工的健康造成威胁,因此需要采取控制措施,如安装通风设备和气体泄漏报警装置等。

③ 噪声和振动是化工生产车间常见的问题,长期暴露在高噪声和剧烈振动环境下可能对员工的听力和身体健康造成伤害。因此,控制噪声和振动是保护员工健康的重要措施。

④ 化工生产车间还需要统一管理和监控工艺参数,以便实时调整生产过程。通过对温度、湿度、气体浓度等参数的监测和控制,可以实现自动化控制,提高生产效率和产品质量。

2) 化工企业现场环境管理的内容

① 绿色生产。化工企业要积极引进绿色生产技术,减少或避免有害物质的产生,提高生产过程的资源利用率和能源利用效率。采用清洁生产技术,减少废物排放和资源浪费。

② 污染治理。化工企业要加强污染物的治理工作,减少废气、废水和固体废物的排放。采用适当的处理技术,提高废物处理的效率和环保水平。

③ 管理体系建设。化工企业要建立健全的环境管理体系,明确环保责任和管理程序。实行定期的环境审核和监测,及时发现和解决环境问题。培训员工的环境保护意识和技能,促进全员参与环境保护工作。

④ 合规运营。化工企业要遵守环境法律法规,确保生产活动符合环保标准。加强与政府监管部门的沟通和合作,接受环境监督和检查。

⑤ 研发创新。化工企业要加大环保技术研发投入,推动环保技术的创新和应用。探索清洁生产和循环经济等新模式,促进环境友好型产业的发展。

(2) 化工企业现场环境管理的措施

为了预防事故发生,并达到清洁生产的目标,化工企业需要根据相关规范、规程和标准进行现场环境管理。化工企业现场环境管理的要点包括环境政策制定、环境风险评估、环境监测与控制、环境应急管理等内容。

① 现场环境政策制定。化工企业在制定环境政策时应考虑到环境保护的重要性和可持续发展的原则。

首先，企业应明确总体环境目标，例如减少废水排放、节约能源等，并确立相应的指标。

其次，企业需要明确责任分工，明确各级管理部门和人员的职责和权力，并建立相应的环境保护组织架构。

最后，企业还应参照相关法律法规和标准，建设环境管理体系和对应的工作程序。

② 现场环境风险评估。为了预防和控制环境污染事故，化工企业需要进行环境风险评估。评估的目的是确定可能导致环境事故的风险源和潜在风险，并采取相应的措施消除或减轻这些风险。在评估过程中，企业需要收集和整理相关数据，如物质的危害性、排放情况、设备状况等。然后，以科学、客观的方法评估和定量分析，并制定相应的措施，如安全设备更新、紧急预案制定等。

③ 现场环境监测与控制。化工企业在生产过程中需要对关键环境参数进行监测和控制，以确保生产环境的安全性和合规性。

首先，企业需要建立完善的监测系统，包括废水、废气和固体废物等多个方面。监测设备应具备高精度、可靠性和实时性，并需要进行定期的校准和维护。

其次，企业应建立相应的控制措施，以控制污染物的排放和浓度，如设置废气净化装置、改善生产工艺等。同时，企业还可以使用先进的清洁生产技术和工艺来降低污染物的生成和排放。

④ 环境应急管理。化工企业应建立健全的环境应急管理体系，以应对突发环境事件和事故。

首先，企业需要制定应急预案，明确各项应急措施和机构职责，并进行演练和培训。

其次，企业应配备相应的应急设备和装置，如泄漏处理器、灭火器等，并定期检查和维护，以确保其可用性。

此外，企业还应与相关部门建立良好的联络机制，及时报告和沟通，以便获得支持和资源。

(3) 化工企业环境管理体系要求

1）环境管理体系建设

和 ISO 9000 系列标准一样，我国环境管理体系自发布之后，每隔一段时间，也会进行修订和完善。目前，ISO 14001：2015《环境管理体系 使用指导要求》为现行版本。

ISO 环境管理技术委员会设有 7 个分技术委员会和 2 个工作组，分别负责研制环境管理体系、环境审核、环境标示、环境绩效评价、生命周期评价、术语和定义、温室气体管理等相应的 ISO 14000 系列标准。截至现在，ISO 已发布的在用的有效的环境管理标准有三十多个。

2）环境管理体系标准核心内容

该标准和 ISO 9000 系列标准一样，也是基于策划—实施—检查—改进（PDCA）的概念。环境管理体系标准中要求可帮助组织实现与其环境方针相一致的预期结果：提高环境绩效、履行合规义务、实现环境目标，并为组织和相关方提供价值。

而对于组织的最高领导者来说，可以通过将环境管理融入组织的业务过程、战略方向和决策制定过程，与其他业务的优先项相协调，并将环境管理纳入组织的整体管理体系中,最高管理者就能够有效地应对其风险和机遇。环境管理体系的详略和复杂程度取决于组织所处的内外部环境。

3)建立化工企业环境管理体系

① 应全面收集危险化学品的 MSDS——物质安全资料表,也叫化学物质安全资料表 CSDS。一般可以向该化学品的供应商索取(严格来说,化学品供应商都应该有而且必须配有其所销售的危险化学品的 MSDS 资料)。如果没有,可以在一些相关网站获取。

② 现场使用的化学品都要作化学品专用的安全标签,严禁使用矿泉水瓶或冰红茶瓶子等饮料瓶直接装有毒、有害化学品,防止误饮、误用。出于节约资源的环保目的,也要将饮料瓶的原始标签去除,加上所盛装化学品的安全标签。为了防止所装化学品腐蚀掉记号笔等写的油墨标签,建议使用双面打上字的纸张,然后再过塑的那种挂签。

③ 暂存和长期存放液态有害化学品的容器要放在二次缓冲容器内,防止化学品泄漏污染地面,甚至引发火灾事故。一般的二次缓冲容器可用大胶箱或周转框代替。

④ 建立化学品仓库:

第一,仓库上面应该有防雨顶棚或水泥顶层以及隔热层,不能直接用金属顶棚,金属棚吸热特别严重。夏天高温时可蓄水或采用喷淋管喷水降温。

第二,仓库地面:刷水泥防渗漏,门口设 5~10 厘米弧形防溢流门槛。条件好一些的应刷上环氧树脂漆防地面腐蚀和渗漏。

第三,安装防爆灯、防爆风扇、防爆开关、温/湿度计。

第四,及时通风,降低空气内易燃、易爆等气态化学品的含量,并定期检查仓库温度,一般不得超过 30 度,以防止火灾爆炸事故的发生。

第五,不得使用铁质器具打开金属化学品桶,防止开桶时金属划檫产生火花引燃易燃化学品。

第六,倾倒易燃化学品时要控制适当的流速,防止产生过多静电导致火灾,并且还应该安装静电夹等导静电的装置,防止静电大量积聚从而导致火灾发生。

第七,应配置泄漏应急用的吸油棉/抹布、干燥沙土、灭火器材等。

第八,配备防腐手套、防毒面具、护目镜、防护围裙、必要时还应配备呼吸器等。

4)成立化学品泄漏应急小组

制定化学品泄漏应急预案,并进行演习,原则上每年至少要进行一次化学品泄漏应急处理演习,以增强员工对突发性的化学品泄漏事件的应急处理和应变能力。

5)配备急救箱和急救员

有效处理化学品泄漏等导致的事故对环境和人员的伤害。

6)危险化学品废弃后的处理

废弃的危险化学品或者沾染了危险化学品的桶/瓶,或者抹布基本上都是危险废物(参见法规《国家危险废物名录》),其处理有很严格的规定,不能当一般废弃物处理。ISO 14001 适用的相关环保法规定:严禁将危险废物和非危险废物混放。一般的做法是分类收集存放,设立专门的存放区域,并做到三防(防雨、防火、防泄漏)。达到一定量后,交由专门的有资质的危险废物处理商处理(处理危险废物时企业要交一定的危险废物处理费用的)。

3.3.2 化工企业现场环境风险评价

由于化工企业使用化学物品较多,有很多是易燃易爆的危险物品,加之企业管理不善等原因,造成企业火灾、爆炸等重大事故屡有发生,如处理不当,将对环境造成严重污染。因此,完善化工企业环境风险综合评价,建立完整的应急预案,加强对重大事故的应急防范,营造安全环保的化工企业环境,具有重要的现实意义。

(1) 环境风险评价的涵义

1) 环境风险的概念

环境风险(ER)是指突发性事故对环境的危害程度,其定义为事故发生概率 P(即风险度)与事故造成的环境后果 C 的乘积,用风险值 R 表征,即:

$$R[危害/单位时间] = P[事故/单位时间] \times C[危害/事故]$$

环境风险评价(ERA)是指人类的各种开发行动所引发的或面临的危害(包括自然灾害)对人体健康、社会经济发展、生态系统等所造成的风险可能带来的损失进行评估,并据此进行管理和决策的过程;狭义上讲是指对有毒化学物质危害人体健康的影响程度进行概率估计,并提出减小环境风险的方案和对策。环境风险评价的主要特点是评价环境中的不确定性和突发性问题,关心的是事件发生的可能性及其发生后的影响。

2) 环境因素的时态与状态

环境因素的时态是:过去、现在和将来。组织在识别环境因素时,不仅要考虑"现在"的情况,也应看到以往遗留的环境问题以及将会出现的环境问题。

① 过去。以往遗留的环境问题或过去曾发生的环境事故等。如工厂虽然使用了全新设备,但偶尔也用旧设备,如对旧设备维护不当,其生产的废油可能污染地下水;过去发生的化学品泄漏事件等。

② 现在。组织现有的、现存的环境问题。

③ 将来。组织将来产生的环境问题。组织将来产生的环境问题。如产品出厂后可能带来的环境问题;产品报废时的处置,将来法律、法规和其他要求及其更改、计划中的活动可能带来的环境问题;新项目引入、新产品、工艺改造可能带来的环境问题。

环境因素的三种状态:正常、异常和紧急状态。环境因素的识别不仅要考虑"正常"情况,也要考虑如机器检修等异常情况,以及火灾爆炸等紧急情况。

① 正常状态。在日常生产条件下,可能产生的环境问题。

② 异常状态。在开/关机、停机检修等可以预见的情况下产生的与正常状态有较大不同的环境问题。如锅炉、发电机启动时排污量大;来料不纯导致局部污染剧增;工厂定期检修清洗设备时产生高浓度废液。

③ 紧急状态。如火灾、洪水、爆炸、设施设备故障、大规模泄漏、台风、地震等突发情况带来的环境因素。

对可预见的紧急情况中存在的环境因素,应有相应的措施、计划,以保证其环境影响的最小化。如一个地区每年都受到洪水的威胁,那么在环境评价时就必须对这种紧急状态下的环境因素予以全面考虑,并形成应急制度与办法。

3) 环境因素的七种类型

ISO 14001 环境管理体系环境因素的理解是，组织应建立、实施并保持一个或多个程序，用来：

① 识别其环境管理体系覆盖范围内的活动、产品和服务中能够控制或能够施加影响的环境因素，此时应考虑到已纳入计划或新的开发、新的或修改的活动、产品和服务等因素；

② 确定对环境具有或可能具有重大影响的因素（即重要环境因素）。

化工企业应从七个方面进行环境因素识别：

① 向大气排放方面的环境因素，如粉尘、烟尘、有毒有害气体等的排放。排放方式包括：点排和无组织排放；

② 向水体排放方面的环境因素：工业、农业、生活污水的排放以及固废倾倒等对天然水体的污染和破坏。排放方式包括：点源污染、面源污染；

③ 造成土地污染方面的环境因素：如废水排放，农药、化肥使用，固体废物的堆放；

④ 原材料和自然资源使用方面的环境因素：如原材料的消耗/浪费，特别是不可再生物质；原材料中有害物质的释放等；

⑤ 能源使用方面的环境因素：如热、辐射、振动等；

⑥ 废物和副产品方面的环境因素：废物可来自工业、农业、生活、办公等活动，应特别关注危险废物的产生、存放、运输和处置活动；

⑦ 物理属性方面的环境因素：如大小、形状、颜色、外观等。

环境因素不仅仅是污染类的，还应考虑其他类型的环境问题。仅从污染源的角度去考虑环境问题是远远不能解决环境问题的。这里提到的七种情况也不能包括所有环境问题，如草原退化、水资源短缺等生态环境问题。在某些地方，文化遗产可能成为组织运行环境中一个重要因素，因而在理解环境影响时应当加以考虑。

(2) 化工企业环境风险评价

1) 环境风险特征与分类

化工企业的环境风险评价主要是对化工企业产品生产、物料贮运和控制过程中产生不利于环境的影响的可能性以及事件后果的严重程度进行分析评估，并提出预防事故、降低环境风险的对策和方案的过程。由于化工企业的环境风险评价涉及到易燃易爆物质的风险评价、有毒有害化学品的生态风险评价及化工产品生产过程的环境风险评价三方面的内容，而上述三方面内容所涉及的化学物质品种复杂、危险性各不相同、生产工艺流程繁多。

化工企业的环境风险评价具有复杂性、综合性和不确定性三大特征。按照评价工作的性质和目的划分，化工企业的环境风险评价可分为三类：

第一类为概率型风险评价（PRA），它作为一种定性、定量相结合的安全性分析技术，被应用于事故发生前，用来预测某项目可能发生的事故及事故可能带来的损失；

第二类为实时后果评价，该评价方法主要是指在事故发生期间给出实时的有毒有害物质的迁移轨迹及污染物的实时实地浓度分布情况，以便采取正确有效的措施来降低事故造成的危害和损失；

第三类为事故后果评价（ACA），这一方法主要是分析研究事故发生后对环境带来的影响，针对事故的后果做出评价。

2）建立环境风险评价指标体系

在借鉴国外对化工企业环境风险的综合评价指标的基础上，按照过程的完整性、要素的综合性、成果的可比性以及简明、实用性的原则建立指标体系，其中对于过程的完整性，把这种过程定义为指标体系即主要是企业在整个突发事故中，按照事故发生的时空规律对源项从封闭的环境中释放到外部环境中并与受体接触的整个过程；对于要素的综合性主要是通过把过程因子、源项因子与受体因子三个方面进行综合评价进而判定企业环境的风险；对于成果可比性主要是结合我国的实际情况与国内外的成果与国际相比；对于简明、实用性主要是在选择具体指标时，要考虑到可获得的数据。

本章小结

本章主要内容是企业现场的内容管理，这是要素以及要素连接行为的结果，这种结果直接与要素状态、要素连接状态以及要素管控的力量相关。首先是企业现场安全管理问题，分析安全管理的内涵、性质与功能，介绍安全管理的基本原理、化工企业安全管理体系建设的内容与方法、化工企业过程安全管理的特点过程与内容，分析化工企业危险源辨识与事故应急管理的内容与方法；其次是化工企业现场质量管理，分析化工企业质量、质量管理的内涵以及质量管理体系建设的内容、要求等，明确全面质量管理的内容与要求，分析化工企业现场质量管理体系建设与质量管理方法；最后是化工企业现场环境管理，主要内容包括化工企业现场环境管理的内容与措施、化工企业现场环境风险评价。

复习思考

1. 阐述安全管理的定义、性质与功能。
2. 阐述事故分类与安全管理原理。
3. 化工企业安全管理有哪些具体措施？
4. 化工企业安全管理的内容有哪些？
5. 怎么建立化工企业安全管理体系？
6. 分析化工企业过程安全管理特点、要素与内容。
7. 如何进行化工企业的危险源辨识与事故应急管理？
8. 怎么建立化工企业现场质量管理体系？
9. 如何开展化工企业质量体系有效性评价？
10. 化工企业现场环境管理的内容与措施是什么？

讨论案例

某新材料公司"5·1"安全事故

2024年4月21日，某上市公司发布关于其下属新材料公司"5·1"安全事故调查报告的公告。公告称，2023年5月1日，公司全资子公司某新材料有限公司双氧水装置发生爆炸着火事故，事故造成10人死亡、1人受伤，直接经济损失5445.31万元。经调查认定，该新材料公司"5·1"重大爆炸着火事故是一起因对高浓度双氧水安全风险辨识不清，管控不力，违章操作，现场人员聚集造成的重大生产安全责任事故。

1. 事故基本情况

2023年5月1日8时36分，该新材料公司双氧水装置发生爆炸着火事故，造成10人死亡、1人受伤，直接经济损失5445.31万元。

事故发生后，依据《中华人民共和国安全生产法》《生产安全事故报告和调查处理条例》（国务院令第493号）和《某省安全生产条例》等法律法规规定，省政府成立由省应急厅牵头，省工业和信息化厅、省公安厅、省总工会、省消防救援总队和企业所在城市的政府派员参加的某新材料公司"5·1"重大爆炸着火事故调查组（以下称事故调查组）。事故调查组按照"科学严谨、依法依规、实事求是、注重实效"原则和"四不放过"要求，经过勘查事故现场、查阅有关资料、调取监控视频、技术试验鉴定、调查询问有关当事人和综合研判分析，查明了事故发生经过、原因、人员伤亡和直接经济损失等情况，认定了事故性质和责任，提出了对有关责任单位、责任人员的处理建议和事故防范整改措施。

2. 事故原因与性质

经调查认定，该新材料公司"5·1"重大爆炸着火事故是一起因对高浓度双氧水安全风险辨识不清，管控不力，违章操作，现场人员聚集造成的重大生产安全责任事故。

讨论问题：

1. 化工企业怎么进行现场危险源辨识？怎么建立应急管理体系？
2. 上述事故的化工企业是否建立现场安全管理体系？如何建设？
3. 化工企业如何进行过程安全管理？

第4章

化工企业现场全面改善的方法——5S管理

 学习目标

- 现场 5S 管理的本义与内涵
- 现场 5S 管理的本质与实施条件
- 整理的含义、重点、目的与实施要点
- 整顿的含义、要素、原则与实施要点
- 清扫的内涵、对象、关注点与实施要点
- 清洁的内涵、原则、关注点与推行要点
- 素养的内涵、内容、本质与推行要点
- 5S 管理推行方法——红牌作战、目视管理、定置管理等

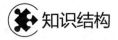 知识结构

```
                              ┌ 现场 5S 管理的起源与发展
                现场5S管理    │ 现场 5S 管理的内涵
                概述         ┤ 现场 5S 管理的本质
                              └ 实施 5S 管理的基础和条件

                              ┌ 整理的对象与目的
                              │ 整理的重点、实施要点
                              │ 整顿的概念、作用、要素与原则
化工企业现场    现场5S管理    │ 清扫的内涵、对象与关注点
全面改善的方    的实施要点    ┤ 清扫的实施要点
法——5S管理                   │ 清洁的内涵、内容、原则与关注点
                              │ 清洁的推进要点
                              └ 素养的内涵、内容与推进要点

                              ┌ 整理推行方法：红牌作战
                              │ 整顿推行方法：定制管理与目视管理
                现场5S管理    │ 清扫推行方法：防呆法
                的实施方法    ┤ 清洁推进方法：走动式管理与 4M1E 控制
                              └ 素养推进方法：5W1H 技术
```

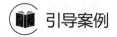 引导案例

某企业 5S 管理

某企业各级管理人员通过参与 5S 管理活动，深切感受到 5S 不是打扫卫生这么简单，通过 5S 管理能够提高工作效率、腾出很大空间让利于生产部门使用，提高了员工归属感、提高企业效益，对管理的认识大大提升。

员工是 5S 整改的直接参与者，他们非常珍惜今天取得的成果。某个分厂有一个用来堆放备品备件的小院子，在没有整改之前，地面物品堆放杂乱，难以入内。开展 5S 整改活动后，他们自己动手制作了货架，挂了标牌，所有备品备件都整整齐齐码放在上面，不用的及时处理掉。5S 领导小组和咨询顾问前去进行检查时，一名班长非常自豪地说："厂里这么重视 5S，我也接受过项目组的培训，怎么也得做出点成绩来。"在休息室和主控室里可以看到，衣物、工具整齐摆放，没有随地乱扔杂物、烟蒂的现象。这一切都说明，5S 活动提高了员工的素养和对企业的认同感，员工的精神面貌大为改观。

5S 管理是现场管理最有效的办法，但目前国内对这种管理方式认识存在偏差，仅仅当作现场工作环境管理的一种方法，换句话说，不管是企业管理人员还是在研究者的认识上，把 5S 管理的层级看得太低，这种认识上的偏差直接导致现场管理的实际效果达不到目的。5S 管理是一种全面提升现场要素状态、改善要素连接状态的现场管理方式，对于要素状态力提升、要素连接力提升以及要素管控力提升都有极好的效果，尤其前 3S 是现场管理的基础。持续做好 5S 管理的前 3S 的内容，对于现场管理的三力提升至关重要。在现场管理方式上，必须消除 5S 管理的误区，具有科学精神、批判精神、创新精神，大胆探索、完整认识与实践 5S 的功能，通过 5S 管理提升要素与连接状态，提升要素的价值创造功能。

4.1 现场 5S 管理概述

4.1.1 现场 5S 管理的基本内容

(1) 现场 5S 管理的起源与发展

5S 指的是在生产现场中对人员、机器、材料、方法等生产要素进行有效管理。1955 年，日本 5S 的宣传口号为"安全始于整理整顿，终于整理整顿"，当时推行只是前面的 2S，其目的仅为了确保作业空间和安全，后因生产控制和质量控制的需要而逐步提出后续的 3S，即"清扫"、"清洁"、"修养"，从而使其应用空间及适用范围进一步拓展。

5S 管理作为一个重要的基础管理活动，在 30 年的日本崛起过程当中，发挥了重要作用。后来在 20 世纪 70 年代末，日本丰田汽车大面积占领了美国市场，对美国的制造业形成非常大的冲击。麻省理工学院组织国际上非常多的专家去日本去研究，发现了 5S 这套管理方法，于是推而广之。1986 年首部 5S 著作问世，从而对整个现场管理模式起到了巨大的冲击作用，并由此掀起 5S 热潮。

日本企业成功推行 5S 管理所带来的巨大业绩引起全球企业界管理人士的关注，我国

很多企业例如青岛海尔、太原钢铁、宝钢集团等通过参观学习日本 5S 管理的成功做法，并在企业内部逐步推行，使得企业获得长足发展。

(2) 现场 5S 管理的内涵

1) 日本能率协会现场 5S 的定义

日本能率协会早在 20 世纪 70 年代就提出现场 5S 的完整定义，这就是表 4-1 所示的内容。

表 4-1 日本能率协会现场 5S 的定义

项目	定义
整理	区分需要与不需要的物品，处理不需要的物品
整顿	对需要的物品进行定置与可视化管理
清扫	使需要的物品保持最良好的状态，并随时进行清扫
清洁	确保前 3S 的持续进行与改善
素养	是前 4S 的人才培养

日本最早对 5S 的定义包括了以下几个方面的内容：

① 5S 之间是有着内在关联的，如图 4-1、图 4-2 以及表 4-2。整理、整顿、清扫、清洁、安全五个项目之间有着紧密的内在关联，5S 的所有项目必须在整理基础上展开，有了整理活动之后，才能展开整顿，否则就成了对一大堆无用物品或要素的定置、可视，这是对资源的极大浪费，也是没有任何意义的活动；有了整顿才需清扫，确保所有价值创造的要素处于最佳状态；之后是清洁项目，确保前三个 S 的持续实施与现场改善；之后有了素养，确保员工的自觉自为。

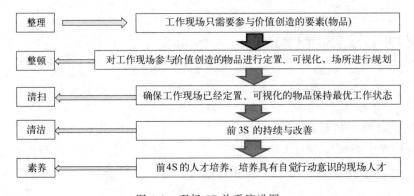

图 4-1 现场 5S 关系演进图

表 4-2 5 个 S 之间的关系口诀表

只有整理没有整顿，物品真难找得到
只有整顿没有整理，无法取舍，乱糟糟
只有整理、整顿没清扫，物品使用不可靠
3S 之效果怎保证，清洁出来献一招
标准作业练素养，公司管理水平高

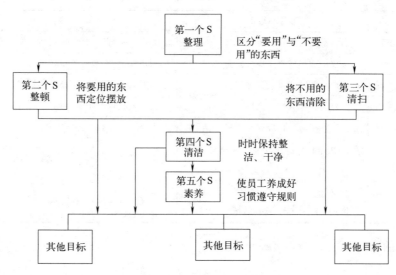

图 4-2　现场 5S 关系图

② 整理、整顿、清扫是整个 5S 活动的基础。对整个工作场所、环境进行诊断，确定现场价值创造所需物品或要素，并对需要的物品进行定置管理、可视化管理，然后确保所有参与价值创造的要素处于最佳状态，这就是现场管理的 3S 活动。通过整理、整顿、清扫，规范价值创造的现场，使得现场处于清洁、整齐、有序的状态，一方面增加作业空间，防止物品误用，另一方面消除浪费，通过以上两方面的活动使得人、物、场所处于最佳状态以及能够最优结合。

③ 整理、整顿、清扫的所有活动、内容都必须标准化。只有让各项活动、操作、过程等标准化，现场员工才能以标准为基础进行操作，也才能够通过可视化的内容快速、安全进行操作。标准化是整个 5S 的基础，没有标准化，整理、整顿与清扫很难获得效果。另一方面，清洁是对前 3 个 S 的持续实施，更重要的是这持续实施必须以持续改善作为活动的结果，所以，标准是基础，需要做好整理、整顿、清扫的标准化工作，这是开展现场 5S 必须强调的内容。

④ 现场 5S 管理是人类文明不断累积的成果。面向市场的企业首先需要僵化使用，拿来就用，通过僵化的现场 5S 实施使得企业价值创造的现场管理有效。按照华为公司老总任正非的说法，为了能够让管理改革成功，需要特别制定对系统"先僵化，后优化，再固化"的变革方针。

2）现场 5S 形成过程中的本义

从现场 5S 管理的起源与发展中可以看到，当初设置各个项目于现场 5S 中的本义，或者是初始意图，如表 4-3 所示，可以看到：

① 整理、整顿：从安全、成本、效率出发，解决物的问题；
② 清扫：从场所与物的角度出发，解决安全、环境难题；
③ 清洁：从物、场所角度出发，解决持续性与改善问题；
④ 素养：从人的角度出发，解决素养与人的成长问题。

表 4-3 现场 5S 发展过程中的本义

步骤	目的	事件与事由	效果
1	清扫	引入泰勒科学管理方法	发现问题解决问题,现场面貌发生变化
2	安全	整理整顿出发点是保证安全	创造安全、安心的工作环境
3	成本	整理整顿的成果是消除浪费	降低成本,形成现场整顿的管理方法
4	效率	解决员工积极性不高问题	整理整顿提高了员工热情与工作效率
5	3S	本田汽车对前任经验与成果总结	定义了3S:整理、整顿、清扫
6	4S	丰田汽车公司建立安全与消除浪费的管理制度	定义了4S:整理、整顿、清扫、清洁
7	5S	日本能率协会推行全员参与的TPM,倡导提升人素质的科学方法	定义了5S:整理、整顿、清扫、清洁、素养

现场 5S 的最初目的如表 4-4 所示。

表 4-4 现场 5S 初始目的

序	追求目的	主要内容
1	安全	消除危险与隐患,确保安全与人安心工作的现场环境,安全第一
2	消除浪费	通过5S管理消除精益中的七种浪费
3	人才培养	通过5S的业务改善、流程改善,提升人的现场管理意识、工作质量与人的素养
4	企业文化	遵守标准,随时发现问题解决问题,形成按标准执行、管理、评价的企业文化
5	企业运营	适应环境变化,满足企业追求 SQCD 的要求,形成企业核心竞争力
6	持续改善	一切始于5S,持续改善,持续追求彻底消除浪费

通过表 4-5,对现场 5S 的含义与内容进行总结。

表 4-5 现场 5S 含义与内容总结

项目	内容	例子
整理	要与不要,弃与留,扔的智慧	作业现场只放置必要的物品
整顿	三定、三易,取用方便	尽可能短的时间内找到需要的物品
清扫	点检,找出问题并解决	谁用谁管理
清洁	标准化	可视化、透明化
素养	养成好习惯	遵守标准作业,增强创新意识

4.1.2 现场 5S 管理的本质与实施条件

(1) 现场 5S 管理的本质

现场 5S 管理是指在生产现场中对人员、机器、材料、方法等生产要素进行有效的管理的一种管理活动,它提出的目标简单、明确,就是要为员工创造一个干净、整洁、舒适、科学合理的工作场所和空间环境,并通过 5S 管理有效的实施,最终提升人的品质,为企业造就一个高素质的优秀群体。

在当下,5S 管理作为企业管理的基础无疑为国内企业指明了起步的方向。在实施 5S

管理过程中，必须明确这种管理方式的基本内涵与特征，这样才不至于违反管理的规律，持续地把5S管理推行下去。

1) 5S管理坚持行为与结果的统一

5S的前四个方面内容：整理、整顿、清扫、清洁是要求企业员工的行为，是从行为层次上对员工活动的约束与管理。5S管理的目的在于企业安全运营下的效率与效益。

在企业以及企业对员工、团队的绩效评价中，安全、质量、效益、效率等都是业绩指标，而整理、整顿、清扫、清洁既可以是业绩指标，但更多的是过程控制与行为指标。

5S管理能否有效持续进行下去，重要的是把以上两个方面结合，也就是把行为与结果统一起来，通过结果约束与控制行为。

2) 5S管理坚持对人的管理与对物的管理的统一

5S管理具有人本主义的因素，强调管理中的以人为本，充分调动员工的积极性和创造性，其最后一个"S"就是素养，是人的素质按照企业的要求提升。

其实，不管是什么管理方式、模式、手段，管理的目的都在于使对人的管理与对物的管理协调统一起来，将制度化与人性化结合起来，使员工在温馨、和谐环境下为企业创造效益。5S管理是要形成整洁、和谐的现场管理环境，对现场的各个要素、方面制定管理规范，形成一套现场规范化管理体系，通过规范、制度等约束、调整员工的行为。本质上是对人的行为的规范，是对现场物与环境的规范。

第一个层级：强制性层级。规范、制度形成以后，员工完全被动执行，必须辅助强有力的绩效评价体系和制度督导团队，员工完全没有积极性，任何工作都是应付检查，企业运行成本高，运行效率与效益较低，整个企业素质难以提升。

第二个层级：适应性层级。员工被动地适应企业所制定的各类规范、制度，工作积极性有一定程度的提升，但仍然需要一套有效的绩效评价体系确保制度与规范的有效性，管理相对人性化。

第三个层级：自主性层级。员工主动把自己的行为统一到企业规范与制度之下，并且工作积极性、主动性得以提升。能够根据企业运行实际与管理机构沟通，确保制度、规范更切合实际要求。员工的规范意识、制度意识很强。

5S的核心是聚焦于人的改变，现场出现混乱等问题，其实背后都是人的问题，5S就是通过整理、整顿、清扫、清洁四个S来改变现场，通过设计过程、设计环节来改变员工，也就是通过改变现场来改变员工、通过创造好的现场、好的变化来教育员工、影响员工、培养员工、熏陶员工。员工在改善的过程当中会受到意识的冲击、观念的冲击，从而内心产生改变，这样就会慢慢培养成习惯，而且通过这个过程能够培养员工的眼光，也就是说不只是组织大家改变，还能够让大家带着问题意识和问题眼光来直觉现场，把问题当问题发现出来，而且马上行动，把问题当问题来对待，这是它最重要的地方。

现场故事4-1

小华的5S

在一家制造型企业中，有位名叫小华的员工非常注重工作环境的整洁和组织，他深知5S的重要性，并希望通过自己的努力，提升团队的效率和生产力。每天早上，小明都会提前到达工作岗位,并在工作开始前进行5S整顿。他认为,整齐有序的工作环境可以帮助他更好地集中思维,提高工作效率。因此,他经常整理和清洁自己的工作区,确保工具和设备都摆放在适当的位置,并清楚标示。他还鼓励团队成员也遵守这个准则。

有一次,小明的团队接到了一个非常重要的订单,要求在很短的时间内完成大量的生产任务。看到这个订单,其他团队成员感到非常紧张,急忙准备工作。然而,小明冷静地走过去,提醒大家先进行5S整理。他解释道:"我们现在的时间虽然很紧迫,但是如果我们投入一些时间整理和清洁工作区,会让我们更高效地进行后续的任务。整洁的工作环境可以减少失误和浪费,从而提高我们的生产效率。"听完小明的解释,团队成员们开始意识到他的建议的重要性。团队成员们开始有序地进行5S整理,清洁工具、重新安排物品摆放并标示,清扫工作区,以及培养了良好的习惯。他们深刻地体会到,整洁和有序的工作环境能够帮助他们有效地组织工作流程,并促使团队成员之间更好地协作。

几天后,团队成功地完成了那个重要订单。管理层对他们的高效工作给予了充分的肯定和赞许。小明也因为他对5S的坚持而受到了表扬。

3)5S管理坚持理念贯彻与执行保证的统一

5S管理中的各项活动需要通过理念贯彻,才能有行为上的保证,进而获得执行。一直以来,执行力是我国企业始终强调的内容,但执行力来于何方?其实就是首先有理念的先导,通过理念强化获得认同,企业的执行力才有保障。素养的养成必须有理念上的接受与认同。国内很多企业在实施和推行5S管理时,首先需要通过各种方式进行宣贯、宣传,让企业员工认同活动的意义和作用。

企业现场管理做得好坏的判别标准有四个:

一是能不能在现场看到由上往下贯彻的东西,包括企业方针的和目标;

二是能不能看到现场的管理痕迹,有了方针目标,还要到现场查看;

三是能不能看到现场的数字,所有微观的、现场的改善,都是围绕业绩指标进行的,要有利于目标的实现,要看到数字的推移变化;

四是能不能看到现场的改善和变化,特别是来自于员工的变化。

这四个标准实际上是把理念贯彻与执行结合起来的判别标准,理念贯彻彻底就能确保员工精神素质的变化。5S管理中的各项活动主要在于执行,但这种强化执行是在充分的理念认同 基础上的执行,是把理念贯彻与执行结合起来的一项管理活动。

4)5S管理把塑造优秀团队与打造一流员工队伍结合

5S管理即整理、整顿、清扫、清洁、素养、安全,因其易学、易操作、易考核和见效快,充满了无限的创意而风靡全世界,并塑造出无数优秀团队。团队管理从5S现场管理做起,如果现场肮脏不堪、生产无序,怎能生产出好的产品?这样的团队又怎能驾驭市场?

5S管理是基础工作的基础,它创造的整洁有序的环境会提醒员工正在进行高品质的生产劳动。5S留给人们的是革除马虎之心、凡事认真的品质。对于企业来说,5S是一种态度。企业竞争的核心能力是执行力,执行力要靠纪律保障,把想到的事情做到,把做的事情做好,是执行力的基本要求。不是为5S而5S,而是为了形成有纪律的文化。

随着 5S 管理的推行，员工发现和解决问题的热情充分发挥出来了。在整理中学会判断，在整顿中学会节约，在清扫中学会标准化，在清洁中学会制度化，在素养中学会礼仪。5S 管理不能仅满足于治理大环境，还要追求细节优化。如果员工都敢于把柜子（工具、物品、资料柜）和抽屉打开，接受 5S 检查，表示员工们搞好 5S 管理的自信。通过 5S 管理，自我约束、自我管理、自我激励、自我学习，员工规范自己行为成为习惯，就一定能塑造出优秀的企业团队。

(2) 实施 5S 管理的基础和条件

本质上来说，5S 管理是一个最基本的强化企业基础管理的管理工具。5S 管理的本质是形成具有时代感的企业文化，靠机制强化员工的责任心，是一种良好习惯养成的管理活动，是通过改善环境以及改善环境的过程来影响员工，改变员工，提高员工执行能力的活动。5S 管理推行过程中，特别应把握 5S 管理本质，把握素养这个核心，在文化层面下足功夫。培训活动要持之以恒，提案活动要持之以恒，改善活动要持之以恒。

企业推行 5S 管理，需要具备两个基础条件。

1）观念先导基础

香港特区政府在 20 世纪 70 年代末期，在全球有两大美誉：廉洁和高效。廉洁的原因是因为香港特区政府采取了高薪养廉的政策，高效的原因有很多，其中一个基础就是 5S 活动的开展，香港特区政府叫它五常法。香港浸会大学教授何广明把 5S 这种方法稍微改变，变成五常法——即常组织、常整顿、常清洁、常规范、常自律，用这样一个方法去推行，很多服务机构，包括餐饮、医院、政府部门，都在运用。我们要建立正确的 5S 意识，而且把它上升到意识观念。

5S 不只是一项管理活动，首先意识层面要有 5S 的意识。

企业管理层必须具有 5S 管理理念，深刻了解和把握 5S 的内涵和本质。没有管理者的大力倡导和支持，企业任何管理活动都无法推行下去；如果管理者对要推行的管理活动的理解发生偏差，管理活动的推进也会产生偏差，甚至演变为形式主义的过程，达不到预期的目标。对于企业管理者来说，首先是管理层要相信这套方法，这就是理念。有了理念之后，管理者才能有而且需要有实际的投入和行动，而不是仅仅在口头上做出一些承诺。

企业的所有员工都需要有整理、整顿的意识，清扫、清洁的意识，要有素养、安全的意识，这个地方的意识会决定企业对待 5S 和其他相关工作的基本态度，而且 5S 也确确实实在意识层面也是一样存在的。例如我们脑袋里面是不是有一些意识观念、行为准则应该整理整顿、清扫清洁了？做事情的时候，是不是应该有所讲究，有自己的思路，有自己的方法，要不断地进行观念的改善、观念的革新，这也是一个非常重要的基础，所以 5S 首先是意识层面的意识到位，后面的 5S 才能抓到位。

2）职责明确基础

① 区域划分明确。企业中的每个员工的角色和职责不同，只有职责分明，各司其职，奖勤罚懒，才能保护企业大多数员工的工作热情和积极性，提升整个组织的运营效率。在 5S 管理活动推行过程中，企业所有的区域、设备等都要有明确的责任者，对区域、设备等的责任划分体现出"谁使用，谁负责"的原则，由区域、设备等的使用者负责该区域、设备的 5S 现场管理工作，不留死角，不出现无人负责的区域、场所、设备等。5S 管理工

作重要的是把各项活动内容落实到企业日常管理与日常工作中，并使员工养成习惯。明确职责是为了增强员工责任感，员工只有清楚对维护工作环境所负的责任，才能主动投入到5S现场管理活动中。明确指责是5S现场管理活动得以持续推行的前提和基础。

② 责任内容明确。在推行5S管理活动中，明确职责是第一步。关键还需要对5S现场管理工作的实施项目、实施频率和达到的水平也需要有明确的要求，使员工清楚工作内容，这有利于整理、整顿、清扫、安全工作的深入实施和实施水准的长期保持。国内很多推行5S管理的企业虽然也强调保持工作场所干净整洁的重要性，但不能取得好的实施效果，或者虽然能一时将工作场所收拾得干净整洁，但不能长期保持下去，其中对5S现场管理实施内容没有明确的要求是一个很重要的原因。

③ 责任主体明确。企业内各区域、设备、场所等的行政责任以及内容明确之后，关键还需要落实到每一个组织和每一个人员身上，有些企业通过逐级的5S现场管理责任状的方法强化实施，本着"谁签字，谁负责"的原则，明确各自管理的区域责任人的责任内容、完成期限以及奖罚办法等，效果良好。

4.2 现场 5S 管理的实施要点

4.2.1 整理推行——最精要素

(1) 整理的对象与目的

1) 整理的概念及对象

整理是指区分需要与不需要的事、物，再对不需要的事、物加以处理。在现场工作环境中，区分需要的和不需要的工具及文件等物品对于提高工作效率很有必要。整理的对象主要是现场被占有而无效用的空间。整理的本质在于现场必须清除与价值创造无关的任何内容，为现场价值创造提供空间。

2) 整理的目的

基于工作效率提升以及安全生产的主要目的，整理是必需的，实际上是消除废物产生的工作流程上的变动性，确保流程稳定运行。具体来说，整理有以下几个基本目的：

① 腾出空间，空间活用。生产现场经常会有一些残余的物料、待修品、待返品、报废品等滞留现场，这些东西既占据现场空间又阻碍现场生产，必须将这些东西从生产现场清理出来，以便留给作业人员更多作业空间以方便操作。

② 有利于减少库存，节约资金。生产现场摆放的不要物品是浪费，如果不要物品不经常清理，即使敞亮的工作现场也将越来越小，公司将要建各种名目的仓库，甚至要不断扩建厂房；货品杂乱无章的摆放，会增加盘点的难度，甚至使盘点的精度大打折扣，成本核算失准。通过整理就会避免因摆放混乱找不到重新采购所带来的资金浪费，同时有利于库存控制。

③ 减少磕碰机会，提高产品质量。现场往往有一些无法使用的工装夹具、量具、机器设备，如果不及时清理，时间长了会使现场变得凌乱不堪。这些地方通常是管理的死角，也是灰尘的堆场。在一些对无尘要求相当高的工厂，将会直接影响产品质量，通过整

理就可以把这一质量影响因素消除。

④ 消除管理上的混放、混料等差错。未经整理的工作现场，大量的零部件杂乱无章地堆放在一起，会给管理工作带来难度，也容易形成安全隐患，很容易带来工作上的差错。

(2) 整理的实施要点

整理实施要点就是对现场摆放的物品清理出来，进行分类，然后按照判断基准区分物品的使用等级，进而决定是否需要该物品。整理的关键在于制定合理的判定基准。在整理中有三个非常重要的基准：要与不要的基准、明确场所的基准、废弃处理的基准。

1）必要品与非必要品的判别及处理

必要物品是指经常必须使用的物品，如果没有它，就必须购入替代品，否则就会影响工作。非必要品则可分为两种：

① 使用周期较长的物品，即一个月、三个月，甚至半年才使用一次的物品，如样品、图纸、零配件等；

② 对目前的生产或工作无任何作用的、需要报废的物品，如过期的图纸等。

在生产运营现场或者办公场所，需要对"必要"与"非必要"物品进行分类，为此就必须有一个分类标准。表4-6是必要品与非必品的区分与处理方法。

表 4-6 必要品和非必要品的区分与处理方法

类别	使用频度		处理方法	备注
必要品	每小时		放工作台上或随身携带	—
	每天		现场存放（工作台附近）	—
	每周		现场存放	—
非必要品	每月		仓库存储	—
	三个月		仓库存储	定期检查
	半年		仓库存储	定期检查
	一年		仓库存储（封存）	定期检查
	二年		仓库存储（封存）	定期检查
	未定	有用	仓库存储	定期检查
		不需要用	变卖/废弃	定期清理
	不能用		废弃/变卖	立刻废弃

2）场所的基准

场所的基准指的是到底在什么地方放置要与不要的物品，根据物品的使用次数、使用频率来判定物品应该放在什么地方才合适。制定时应对保管对象进行分析，根据物品的使用频率来明确应放置的适当场所，做出保管场所分析表如表4-7所示。

表 4-7 保管场所分析表

序号	物品名称	使用频率	归类	是必需品还是非必需品	建议场所
1		一年没用过一次			
2		也许要用的物品			
3		三个月用一次			

续表

序号	物品名称	使用频率	归类	是必需品还是非必需品	建议场所
4		一星期用一次			
5		三天用一次			
6		每天都用			

明确保管场所的标准，尽量不要按照个人的经验来判断，否则无法体会出 5S 管理的科学性。表 4-8 是某一企业关于物品的使用频率与保管场所的基准表。

表 4-8　明确场所的基准表

	使用次数	处理方法	放置场所
不用	一年不用一次的物品	废弃或特别处理	待处理区
少用	平均 2 个月～1 年使用 1 次的物品	分类管理	集中场所（如工具室、仓库）
普通	平均 1～2 个月使用 1 次的物品	置于工作场所	各摆放区
常用	1 周使用 1 次的物品	置于使用地点附近	如机台旁、流水线旁、个人工具箱
经常用	1 周内多次使用的物品	置于工作区随手可得的地方	

4.2.2　整顿推行——最优定位

(1) 整顿的概念与作用

1) 整顿的概念与要求

整顿是把需要的事、物加以定量和定位，其本质在于归位与顺畅进行价值创造，提升价值创造的效率。通过整理后，对生产现场需要留下的物品进行科学合理的布置和摆放，以便最快速地取得所要之物，在最简捷、有效的规章、制度、流程下完成工作。生产现场物品的合理摆放使得工作场所一目了然，整齐的工作环境有利于提高工作效率，提高产品质量，保障生产安全。实际上，整顿是消除混乱秩序产生的工作流程上的变动性，确保流程稳定运行。

整顿的对象：工作场所容易浪费时间的区域。

整顿的基本要求如下：

① 整顿的结果要成为任何人都能立即取出所需要的东西的状态；

② 要站在新人、其他职场的人的立场来看，使得什么东西该放在什么地方更为明确；

③ 要想办法使物品能立即取出使用；

④ 使用后要能容易恢复到原位，没有恢复或误放时能马上知道。

2) 整顿的作用

① 减少因没有整顿而产生的浪费。整顿是一种科学，它已定出了标准化，谁到这个工作岗位，什么东西放在那里已变成一种习惯。整理工作没有落实必定会造成很大的浪费。通常有以下几种：

第一，寻找时间的浪费；

第二，停止和等待的浪费；

第三，认为本单位没有而盲目购买所造成的浪费；

第四,计划变更而产生的浪费;

第五,交货期延迟而产生的浪费。

在杂乱无序的工作环境中,如果没有做好整理和整顿工作,会使员工找不到使用物品,造成时间和空间的浪费,同时还可能造成资源的浪费与短缺,使一些品质优良的物品沦为废品,使废品堂而皇之地躺在重要位置。图 4-3 表示物品摆得杂乱无章,造成工作人员寻找物品时显露的种种姿态。

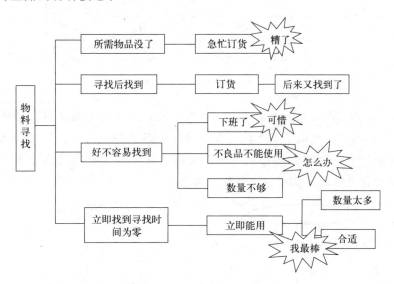

图 4-3　寻找物料百态图

② 提升工作效率与减少安全隐患。把需要的人、事、物加以定量、定位。通过前一步整理后,对生产现场需要留下的物品进行科学合理的布置和摆放,以便用最快的速度取得所需之物,在最有效的规章、制度和最简捷的流程下完成作业。

(2) 整顿的要素与原则

1) 整顿三要素

整顿三要素指的是场所、方法和标示。判断整顿三要素是否合理的依据在于是否能够形成物品容易放回原地的状态。当寻找某一件物品时,能够通过定位、标示迅速找到,并且很方便将物品归位。图 4-4 是整顿良好的表现。

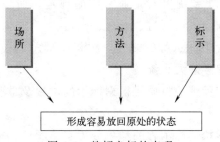

图 4-4　整顿良好的表现

① 场所。物品的放置场所原则上要 100% 设定,物品的保管要做到:定位、定品、定量。场所的区分,通常是通过不同颜色的油漆和胶带来加以明确:黄色往往代表通道,白

色代表半成品，绿色代表合格品，红色代表不合格品。5S 管理强调尽量细化，对物品的放置场所要求有明确的区分方法，如图 4-5 所示。

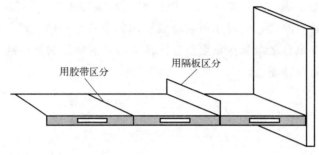

图 4-5　物料架的划分

② 方法。整顿的第二个要素是方法。最佳方法必须符合容易拿取的原则。例如，图 4-6 给出了两种将锤子挂在墙上的方法，显然第一种方法要好得多；第二种方法要使钉子对准小孔后才能挂上，取的时候并不方便。现场管理人员应在物品的放置方法上多下功夫，用最好的放置方法保证物品拿取既快又方便。

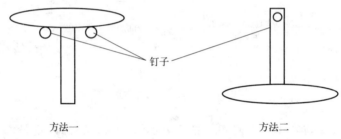

图 4-6　锤子挂法比较

③ 标示。整顿的第三个要素是标示。很多管理人员认为标示非常简单，但实施起来效果却不佳，其根本原因就在于没有掌握标示的要点。

企业标示系统的建立需注意以下几个方面：

一是需要标示的地方。企业并非每个角落、每件物品都需要标示，只有因为看不懂会导致出现错误或安全隐患的地方、物品和需要规范的行为才需要标示。

二是标示的字体。标示的字体体现企业的文化，应该用企业的标准字体、规范的书写进行标示，可参考企业的 VI 系统里对企业字体的规范，如果企业还没有制定 VI 系统，可由公司高层或有美术基础的人员探讨、设计、确定。

三是标示牌的规格。对于标示牌的规格，要根据标示的位置及重要性进行具体的设计，但是同种类别的标示牌必须大小统一。

四是标示牌的材质。标示牌的材质要根据标示的位置及重要性具体设计，但是同种类别的标示牌必须材质相同。

五是标示牌的颜色及形状。标示牌的颜色分为字体颜色、标示牌底色和标示牌边框颜色三种。

六是标示牌的类别。标示牌按其功能可分为：警告标示、禁令标示、指示标示、指路标示四类。

2) 整顿的"三定"原则

① "三定"内容。衡量一个企业管理水平的高低最简单有效的方法就是看企业人、事、物的管理能否做到定位、定品、定量。在企业里建立一套制度不难，但是好的制度是企业管理高度理论化的结晶，而"三定"则是企业管理实践和管理结果的结晶，没有良好的执行力和良好的职业培训，企业不可能做到真正的"三定"。

图 4-7 为"三定"概念图解，图 4-8 为"三定"内容示意图。

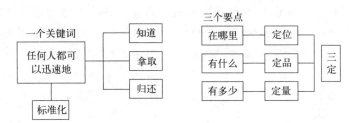

图 4-7　"三定"概念图解

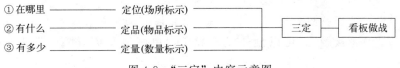

图 4-8　"三定"内容示意图

② 做好"三定"管理。第一，如何做到"定位"，要做到"定位"就必须清楚物品应该放在什么位置；第二，如何做到"定品"，要做到"定品"就必须清楚放在那儿的物品是什么；第三，如何做到"定量"，"定量"目标是做到能够一看就知道库存品有多少数量。图 4-9 为"三定"管理看板示意图。

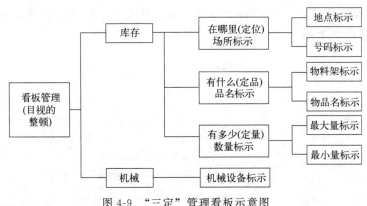

图 4-9　"三定"管理看板示意图

4.2.3　清扫推行——最佳状态

(1) 清扫的内涵与作用

1) 清扫的含义

清扫不仅仅是打扫，而是加工工程中的一部分。清扫的本质在于消除不良，确保要素价值创造的状态。清扫除了清除脏污，保持工作场所内干干净净、明明亮亮，而且要排除一切干扰正常工作的隐患，防止和杜绝各种污染源的产生。清扫要用心来做，必须人人动手，认真对待，保持良好的习惯。

2）清扫的实施对象

① 清扫办公区域的所有物品。人们能看到的地方、在机器背后通常看不到的地方都需要进行认真彻底的清扫，从而使整个工作场所保持整洁。

② 彻底修理机器和工具。各类机器和工具在使用过程中难免会受到不同程度的损伤。因此，在清扫的过程还包括彻底修理有缺陷的机器和工具，尽可能地降低故障率。

③ 发现脏污问题。机器设备上经常会出现油渍污渍，因此需要工作人员定时清洗、上油、拧紧螺丝，这样在一定程度上可以提高机器设备的品质，减少工业伤害。

④ 减少污染源。污染源是造成无法彻底清扫的主要原因之一。粉尘、刺激性气体、噪声、管道泄漏等都是污染源头。只有解决了污染源，才能够彻底解决污染问题。

3）清扫推行的作用

① 清扫就是点检。清扫就是点检，对设备的清扫本身也是对设备的维护。根据"谁使用谁管理"的原则，让设备的使用者参与设备的维护，既可以激发使用者对设备使用的责任感，又可以使使用者对设备的性能更为了解，因为使用者与设备朝夕相处，通过清扫与机器设备的"亲密接触"，可以预先发现异常，更好地避免故障的发生，降低事故发生率。

② 无尘化。清扫的最大的作用是通过整理、整顿，使"必须物品"处于能立即取到的状态，取出的物品还必须完好可用。

无人始于无尘，也就是说，高度自动化的企业若能真正保证无人运转顺利、稳定，首先就是要做到无尘。灰尘虽小，但不容忽视，因为它的破坏作用极大。机器上有灰尘，就会发生氧化反应，从而腐蚀设备，造成生锈。腐蚀、生锈易造成接口松动，造成脱落，零部件变形，甚至产生断裂，发生故障。清扫就是要让企业中的岗位以及机器设备完完全全没有灰尘。图4-10为灰尘的影响图。

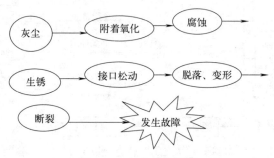

图4-10 灰尘的影响图

(2) 清扫的原则和关注点

1）清扫三原则

清扫是三点式的清扫，如图4-11。分别为扫黑、扫漏、扫怪，只有真正地做到这三个方面的清扫，才能实现真正意义上的清扫。

① 扫黑。扫黑就是扫除垃圾、灰尘、纸屑、蜘蛛网等。

第4章 化工企业现场全面改善的方法——5S管理

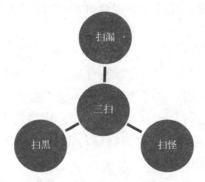

图 4-11　清扫三原则图

一是清扫是进行卫生清洁；

二是清扫看得见的，如台面、地面、墙面、天花板等；

三是清扫看不见的，如油管、气管、空气压缩机等不易发现、看不到的内部结构，电脑鼠标、打印机内侧和其他死角。

② 扫漏。扫漏就是扫除漏水、漏油、漏气、漏处理等。

③ 扫怪。扫怪就是扫除异常的声音、温度、震动等。

一是清扫是清除异常；

二是清扫是维护、点检；

三是清扫是警示、预防。如地面不平、离合器磨损、电风扇吊钩锈坏、仪器仪表失常、螺丝松动、电线老化、合页损坏等。

2）清扫的关注点

清扫注意点包括责任化、标准化和污染源改善处理：

① 责任化。责任化是要明确责任和要求。在5S管理中，经常采用如表4-9所示的5S区域清扫责任表来确保责任化。在责任表中，对清扫区域、清扫部位、清扫周期、责任人、完成目标情况都应有明确的要求，提醒现场操作人员和责任人员需要做哪些事情，有些什么要求，明确用什么方法和工具去清扫。

表 4-9　5S区域清扫责任表

	1日	2日	3日	4日	5日	6日
目标要求						
实际评估						
情况确认						

② 标准化。当不小心把一杯鲜奶洒在桌子上时，有人会先用干毛巾擦后再用湿毛巾擦，而有人会先用湿毛巾擦后用干毛巾擦。对于如此简单的一个问题，竟然有两种完全不同的答案。现场管理遇到的问题比这要复杂得多，如果不能够实现标准化，同样的错误可能不同的人会重复犯。因此，清扫一定要标准化，共同采用不容易造成安全隐患的、效率高的方法。

③ 污染发生源改善处理。推行5S管理一定不能让员工们觉得只是不停地擦洗设备、搞卫生，每天都在付出。需要清扫的根本原因是存在污染源。如果不对污染、发生源进行

改善处理,仅仅是不断地扫地,那员工一定会对 5S 管理产生抵触情绪。

(3) 清扫的关键活动

1) 建立清扫责任区(室内外)

对现场区域进行责任区划分,实行区域责任制,责任到人,要做到每个区域都有人负责,每个员工都有责任区,不漏区域、不漏人。不漏人指每一个人都要参与清扫活动,比如每天下班之前 5 分钟进行清扫,几点到几点清扫,从哪儿清扫到哪儿等。

① 各责任区应尽可能细化,达到"物物有人管,人人都管物";

② 必要时公共区域可采用轮值方式;

企业应在每名员工的清扫责任区内张贴责任区可视化标签,标签上一标明清扫责任人;写明清扫方法,帮助员工高速、高效地完成清扫工作。

2) 执行例行扫除,清理脏污

① 规定例行扫除的内容,每日、每周的清扫时间和内容;

② 清扫过程中发现不良之处,应加以改善;

③ 清扫应细心,培养不容许污秽存在的观念;

④ 清扫工具本身保持清洁,有归位。

3) 调查污染源,予以杜绝

① 脏污是一切异常与不良的根源。如:电路板上的脏污,是短、断路的主要原因。设备上的金属粉末、脏污和铁锈将会降低设备的性能和使用寿命,影响到产品的质量;加工削油的流淌,会造成马达过热、烧坏。

② 调查脏污的源头,对污染的形态、对象予以明确化,并调查其发生部位、发生量、影响程度,最后进行研究,采取对策。

4) 建立清扫基准

建立清扫基准:清扫对象,清扫方法,重点,要求标准,周期,时机,使用的清扫工具,清扫时间,负责人。建立清扫后的检查标准:检查对象、检查人员、检查时间、检查记录。

5) 改善污染发生源:从源头治理

在进行现场清扫和设备清扫时,有时候会觉得很沮丧,因为,设备在运行时,会产生一定量的边角料和切屑;同时,粉尘、刺激性气体、噪声、管道泄漏等污染都是污染源,而且总也处理不干净,刚刚打扫完,一会又出现了。这种现象对负责打扫的员工,非常具有挫败感。所以,随着清扫工作的深入,应该逐渐把清扫的重点放在改善污染发生源方面,以便于提高清扫效率和效果,避免员工产生抵触。只有员工不抵触,清扫与检查才能持久地开展下去。

4.2.4 清洁推行——最好标准

(1) 清洁的内涵与内容

1) 清洁的含义

清洁就是在整理、整顿、清扫之后的日常维持活动,即形成制度和习惯。清洁是对前三项活动的坚持和深入,确保要素价值创造状态最优的持续性。这一管理手段要求每位员工随时检讨和确认自己的工作区域内有无不良现象。

在5S管理过程中，清洁被认为是重复地做好整理、整顿、清扫，形成制度化、规范化，包含伤害发生的对策及成果的维持。

2) 清洁的目的

清洁是为了消除精神影响所产生的工作流程上的变动性，确保流程稳定运行。清洁的主要目的是维持和稳固整理、整顿和清扫的效果，保持生产现场任何时候都处于整齐、干净的状态，也就是将整理、整顿、清扫进行到底，并成为一种制度和习惯；工作环境始终保持清洁、卫生、无污染、无灰尘、无废物，环境优美，全体人员工作在既安全又健康的环境中。

① 维持洁净的状态。整理、整顿、清扫是动作，清洁是结果。即在工作现场进行整理、整顿、清扫过后呈现的状态是清洁，而要保持清洁，就要不断地进行整理、整顿和清扫。所以，清洁就是把整理、整顿、清扫的事情坚持地、重复地做下去，从而维持洁净的状态。

② 通过制度化来维持成果。通过进一步的整理、整顿、清扫检查，发现3S工作中的不足，认真进行改善。将推行3S好的工作经验标准化和制度化，向广大员工宣传教育，通过制度化来维持成果，使5S的工作不断地向纵深发展。

③ 是标准化的基础。所谓标准就是"为了在一定范围内获得最佳秩序，经协商一致制定并由公认机构批准，共同使用和重复使用的一种规范性文件。"对整理、整顿、清扫如果不进行标准化，员工只能按自己的理解去做，实施的深度就很有限，只能进行诸如扫扫地、擦擦灰、摆放整齐一点之类的事情。

④ 企业文化开始形成。企业文化是一种现代企业的管理思想和管理模式，体现了企业及其员工的价值准则、经营哲学、行为规范、共同信念，是全体员工共同遵守的准则，并通过员工的行为表现出来。通过5S管理给企业文化建设注入新的内涵。

(2) 清洁的原则与关注点

1) 清洁三原则

坚持"三不要"的原则——即不要放置不用的东西，不要弄乱，不要弄脏；不仅物品需要清洁，现场工人同样需要清洁，工人不仅要做到形体上的清洁，而且要做到精神上的清洁。

2) 清洁关注点

清洁并不是单纯从字面上进行理解，它是对前三项活动的坚持和深入，从而消除产生安全事故的根源，创造一个良好的工作环境，使员工能愉快地工作。这对企业提高生产效率，改善整体的绩效有很大帮助。清洁活动实施时，需要秉持三个要点：

① 只有在清洁的工作场所才能生产出高效率、高品质的产品；

② 清洁是一种用心的行动，千万不要只在表面上下功夫；

③ 清洁是一种随时随地的工作，而不是上下班前后的工作。

此外，清洁要取得成效，还要做到三点：

一是制度化；

二是要定期检查；

三是坚持。

(3) 清洁推行的要领

1) 落实前3S的工作

① 制定清洁手册。整理、整顿、清扫的最终结果是形成"清洁"的作业环境,要做到这一点,动员全体员工参加整理、整顿、清扫是非常重要的,所有的人都应该清楚要干什么,每一个人都要划分责任区,每一个人都要参加5S的维护,把大家认可的各项应做的工作和应保持的状态汇集成手册,形成专门手册,从而达到确认的目的。

清洁手册要明确以下内容:工作现场地板的清洁程序、方法和清洁状态;确定区域和界限,规定完成后的状态;设备的清扫、检查的进程和完成后的状态;设备的动力部分、传动部分、润滑油、油压、气压等部位的清扫、检查进程及完成后状态;公司清扫计划的责任者、规定清扫实施后及日常的检查方法。

② 定期检查。清洁是通过检查前3S实施的彻底程度来判断其水平和程度的,一般需要制定相应的检查表来进行具体检查。检查中遇到的问题,应拍下照片,记录清楚问题点,便于责任人进行整改。

表4-10为定期检查表,表4-11为整顿检查表,表4-12为清扫中的检查点表。

表4-10 定期检查表

序号	检查点	检查		对策 (完成日期)
		是	否	
1	放置场所有无不要的东西			
2	通道上是否放置不要使用的东西			
3	有无不要的机械			
4	栏架上有无不要的东西			
5	机械周遭或下边有无不要的东西			
…				

表4-11 整顿检查表

序号	检查点	检查		对策 (完成日期)
		是	否	
1	制品放置场所是否显得凌乱			
2	装配品放置场所是否做好三定(定位、定品、定量)			
3	零件、材料放置场所是否做好三定(定位、定品、定量)			
4	画线是否已完成80%以上			
5	工具存放是否以开放式来处理			
6	工具是否显得凌乱			
7	模具放置场是否可以一目了然			
…				

表4-12 清扫中的检查点表

序号	检查点	检查		对策 (完成日期)
		是	否	
1	制品仓库里的物品或棚架上是否沾有灰尘			
2	零件材料或棚架上是否沾有灰尘			
3	机器上是否沾有油污或灰尘			

续表

序号	检查点	检查 是	检查 否	对策（完成日期）
4	机器的周遭是否飞散着碎屑和油滴			
5	通道或地板是否清洁亮丽			
6	有否执行油漆作战			
7	工厂周遭是否有碎屑或铁片			
…				

③ 坚持实施 5 分钟 3S 活动。每天工作结束之后，花 5 分钟对自己的工作范围进行整理、整顿、清扫活动，不论是生产现场还是行政办公室都不能例外。

5 分钟 3S 活动必须做的项目包括：

第一，整理工作台面，将材料、工具、文件等放回规定的位置；

第二，整理次日要用的换洗品，如抹布、过滤网、搬运箱；

第三，理顺电话线、关闭电源、气源、水源；

第四，清倒工作垃圾；

第五，对齐工作台椅，并擦拭干净，人离开之前把椅子归位。

2）制订目视管理、颜色管理的基准

清洁的状态，狭义上是指"清净整洁"，在广义上则是"美化正常"，也就是除了维持前 3S 的效果以外，更要透过各种目视化的措施，来进行点检工作，使"异常"现象能及时消除，让工作现场保持在正常的状态。借整顿的"定位、划线、标示"，彻底塑造一个地、物明朗化的现场，达到目视管理的要求。

3）制订稽核方法

稽核的作用是增强公司员工的工作意识，养成良好的工作习惯，提升公司形象及员工归属感，减少浪费。使产品质量有保障，工作效率有提高。稽查评分标准如下：

第一，每个部门建立一份《清洁稽核考评标准表》，作为稽查的标准；

第二，5S 小组定期于每周稽查。组长负责组织稽查，并收集、汇总、公布各推行员的评分结果；

第三，得分为所参加稽查推行员总和的平均值。

4）制订奖惩制度，加强执行

清洁奖惩之目的在于鼓励先进，鞭策后进，形成全面推行的良好气氛。奖惩的具体实施应以促进"5S"工作开展为中心，不以惩罚为目的。依 5S 竞赛办法，对在 5S 活动中表现优良和执行不力的部门及人员予以奖惩，奖惩只是一种形式，而团体的荣誉与不断地进步才是最重要的。

5）持续形成 5S 意识

企业一旦开始实施 5S 就绝对不能半途而废，否则就会很快地退回到原来的状态。很多企业在推行 5S 的过程中，刚开始时都很热，全体员工、领导都非常地重视，集会、宣传、海报、办演讲比赛等都在具体化地实施 5S，可是过了一段时间以后，很多企业又逐渐地退回到原来的状态。

6）高层主管经常带头巡查，带头重视

要想始终保持整理、整顿、清扫的状态，很重要的一点就是要做到在手头空闲的时候能够随时认真地收拾打扫。更重要的是企业的领导层应该对5S活动坚持不懈地予以支持，领导层应该亲自对现场进行巡查，对各个区域进行巡回点评。

4.2.5 素养推行——最美习惯

(1) 素养的内涵与内容

1）素养的涵义及作用

素养是指企业每个员工都能自觉依照规定和制度行事，养成良好的习惯，培养积极的精神，把外在的强制变成内在的修养。企业应向每一位员工经常地灌输遵守规章制度的工作的意识，此外还要强调创造一个良好的工作场所的意义。素养的目的是培养具有良好素质的人才，铸造团队精神，创造一个良好的人文环境。

素养的作用如下：教育培训，保证人员得本素质；塑造企业优良形象，形成和谐的工作环境，提高员工的工作热情和敬业精神；使员工遵守标准；形成温馨、明快、安全、舒适的工作氛围；塑造优秀人才并铸造战斗型的团队；是企业文化的起点和最终归属；为其他管理活动的顺利开展打下基础。

2）素养的内容要求

素养的内容包括工作态度、行为规范与道德规范三个方面。

① 工作态度。工作态度是对工作所持有的评价与行为倾向，包括工作的认真度、责任度、努力程度等。由于这些因素较为抽象，因此通常只能通过主观性评价来考评。工作态度作为工作的内在心理动力，影响对工作的知觉与判断、促进学习、提高工作的忍耐力等。

② 行为规范。行为规范分为基础规范、形象规范、岗位行为规范与礼仪规范四个方面。

一是基础规范。对于企业员工来说，从三个角度——品质、技能、纪律概括基础规范。

二是形象规范。形象规范内容包括着装、仪容和举止。

三是岗位行为规范。岗位行为规范是企业员工根据所处岗位要求不同而规定不同的行为规范，主要包括企业高管层、普通管理型员工以及一般员工。企业性质差异也决定企业对员工岗位行为规范的要求差异，但一般企业员工存在通用岗位行为规范要求，加上企业对不同岗位的特殊要求，就是企业岗位行为规范要求。

四是礼仪规范。与岗位行为规范一样，每个企业存在不一样的要求。但礼仪规范要求更多的是体现企业形象的一个角度和方面，尤其是对于与企业外部联系的岗位，根据企业特性，必须制定出企业详细的礼仪规范内容要求。

③ 道德规范。企业员工必须具有爱岗敬业、诚实守信、办事公道、服务企业、奉献社会的职业道德。同时结合企业要求，应该认同企业文化，践行公司核心经营管理理念。热爱本职，忠于职守，熟练掌握职业技能，自觉履行职业责任，注重工作效率。保护企业的合法利益等。任何企业都需要对本企业不同岗位的员工制定员工的道德行为规范，规

范、约束员工在企业的行为,维护企业与员工的共同利益。

(2) 素养的本质与要点

1) 素养的本质

素养是为了消除文化因素所产生的工作流程上的变动性,确保流程稳定运行。5S 中对于素养的界定是一个人人养成按规定办事的好习惯,素养最终表现为工作中的每一个细节,它的形成也源于完善工作中的每一个细节,进而形成习惯。素养通过过程使员工养成按照规定来做事的良好的工作习惯,工作当中讲究礼节,与同事友好相处,真诚善意,轻松和谐,而且营造一个积极向上的人际的氛围。通过组织大家来做整理、整顿、清扫,达到清洁的效果,慢慢地去改变员工,特别是让员工养成一个按照规定做事的好习惯。这里有三个方面内容:

① 工作场所与企业环境。员工必须是按照企业规章制度、行为准则的要求从事生产运营活动,企业必须有健全的规章制度系统以及行为规范系统,建立工作场所的规则,规范、约束员工的行为。

② 员工所处的团队。员工所处的团队需要有让员工养成遵守企业规章制度、行为规范要求,并养成为习惯的氛围。

③ 员工行为与表现。员工的行为、习惯是按照所在企业的制度规章、行为规范要求而形成。

素养的本质在于按照所在企业的规章制度、行为规范要求养成员工的行为习惯,养成自主工作的习惯。这也是 5S 管理推行的目的:员工素质提升并且是满足企业健康运行要求的员工素质提升。

2) 素养的推行要点

5S 管理素养的推行的基础在于,让员工学习企业的规章制度,并能理解规章制度,努力遵守规章制度;企业高层管理人员必须身体力行,企业一般员工努力自律;企业具有互相信任、管理公开化与透明化的氛围,勇于自我检讨反省。

推行 5S 管理素养的要点:

① 制定相关的规章制度;

② 制订共同遵守的有关规则、规定;

③ 制订礼仪与行为规范守则;

④ 规则、文化等的教育培训;

⑤ 推动各种精神提升活动(早会、班后会、文化活动等);

⑥ 持续推动 5S 直至习惯化。

素养推行的一个关键在于:长期坚持,持之以恒。

4.3 现场 5S 管理的实施方法

4.3.1 主要的整理推行方法

整理常用的方法是红牌作战。

(1) 红牌作战的实施对象

红牌作战指的是在企业现场找到问题点，针对问题点悬挂红牌，让大家都明白问题所在，并积极地去改善，从而达到整理、整顿、清扫的目的。

① 任何不满足 5S 规范要求的；
② 工作场所的无用品、非必需品；
③ 机、地、台、窗、墙、顶等污渍、灰尘、垃圾等；
④ 工作现场定置管理缺失、管理不善的现象；
⑤ 整理整顿死角，清扫死角等；
⑥ 其他需要改善的问题：

- 超出期限者（包括过期的标语、通告）；
- 物品变质者（含损坏物）；
- 物品可疑者（不明之物）；
- 物品混杂者（合格品与不合格品、规格或状态混杂）；
- 不使用的东西（不用但又舍不得丢的物品）；
- 过多的东西（虽要使用但过多）。

(2) 5S 各阶段中的红牌作战

红牌是指用红色的纸做成的 5S 问题单。红牌上记录的内容包括责任部门、对存在问题的描述和相应的对策、要求完成整改的时间以及审核人等。

红牌一般分为两种，一种是只寻找非必需品的红牌，另一种是发现企业问题（包括存在非必需品）的红牌。选择哪一种红牌可以根据企业的具体情况自我选择。如果检查只限于整理整顿，建议使用第一种红牌；如果检查是为了发现多种问题，建议使用第二种红牌。

5S 活动的各个阶段中，红牌作战策略的具体内容是不同的。

① 整理。5S 整理活动，主要是区分必要物和不要物，留下必要物，清理掉不要物。红牌作战在整理阶段的应用就是寻找到现场的不要物，对这些不应出现的物品挂上或贴上红牌，促进不要物的清理。

② 整顿。整顿活动中，需要按照"定位置、定方法、定数量、定标示"的基本原则对必要物进行整顿。整顿阶段的红牌作战是用"红牌"对不符合上述四定原则的物品、场所进行标示。这样就能很直观地看到工作场所中不合理的物品摆放情况，并提醒工作人员加以改善。

③ 清扫。清扫活动就是清扫生产现场的环境、物品和设备，使之干净整洁。这个阶段的红牌作战主要针对有油污不清洁的设备、不整洁的柜架、藏污纳垢的车间死角等地方。迫使现场人员进行清扫，以解决这些"红牌"问题。

④ 安全。5S 安全活动就是消除生产现场的安全隐患，确保现场人员的人身安全。安全阶段的红牌作战就是对各方面的安全隐患点，如：设备安全隐患、漏电隐患、车间突出物、消防器材不规范，进行确认和挂牌。

(3) 红牌作战操作要点

① 动员。部门领导详细讲解"红牌作战"的目的、意义、实施细则等；争取员工的

理解和支持,以正确的态度对待"红牌作战";指派专人负责、推进,并对作战结果进行汇总。

② 贴牌。由专职人员对工作场所全部问题点张贴"红牌";张贴时要对"红牌"进行编号,并详细填写部品名称、所属部门。表4-13为红牌贴牌示意图。

表4-13 红牌贴牌示意图

部品名称	红牌作战			
所属部门				
存在状态	必要	不必要	不良	不明
处置方法	现场放置	移出保管	送还	扔掉
日期				

注:在'存在状态'所选择的项目下面打'√';在'处置方法'所选择的项目下面填写'处置的场所'。

③ 问题点的判断准则。地板上30cm高度的空间不放置物品(地板上30cm的空间是垃圾的通道,严禁放置物品);墙壁周围不放置物品(墙壁周围易积攒垃圾、不易清扫,不要放置物品);定期扫除看不见的地方(看不到的地方易积垃圾,如天花板、设备内部);问题的工序要放置在全员可以看到的场所。表4-14为问题点的判断表。

表4-14 问题点的判断表

分类	使用频率	处置方式
必要	每小时	放工作台上或身边
	每日	放存料车推出现场
	每周	指定位置存放
不必要	每月	集中存放/材料库保存
	每季度	集中存放/材料库保存
	每年	材料库保存
	1年以上	扔掉
不明	无用的	扔掉
	有用的	扔掉

④ 处置。根据判断准则,由专职人员对张贴"红牌"的物品询问5次为什么?并填写存在状态、处置方法、日期;由部门领导对"红牌"做最终的检查和处置;上述工作结束后,由部门领导对本部门的作战结果进行汇总,采用数字和图片的形式,将'红牌作战'实施前后的现场状况进行比较、说明,并进行发表。

⑤ 监督检查。部门内部作战结束后,为了保证红牌作战达到最好效果,将采取部门间交叉监督检查的形式进行督导。

⑥ 成果发表。形式:PPT格式(数字/图片,红牌作战前后对比);第一页:成果汇总,模板见表4-15;第二页及以后:图片对比。图4-16为红牌作战推进日程安排图。

表 4-15　红牌作战模板表

项目	红牌张贴数量	现场放置数量	移出保管数量	送还数量	扔掉数量
成果					
备注					

表 4-16　红牌作战推进日程安排图

实施项目	日程										担当
	2/8	2/9	2/10	2/11	2/12	2/13	2/14	2/15	2/16	2/17	
红牌作战说明	■										刘志
部门内部动员		■									部门领导
红牌贴牌			■	■	■						部门专职人员
红牌处置						■					部门专职人员
红牌确认/回收							■				部门领导
作战结果汇总/检查								■	■		部门领导
作战结果发表										■	部门领导

⑦ 回收红牌，如表 4-17。

表 4-17　回收红牌记录表

部门

	区域场所	发行序号	发行日	发行人	完成日	回收日	认可日	备注
1								
2								
3								
……								

4.3.2　主要的整顿推行方法

整顿常用的方法有两种：一是定制管理，另一个是目视管理。

(1) 定置管理

1) 定置内容与现场定置标准

定置管理中的定置不是一般意义上字面理解的"把物品固定地放置"，它的特定含义是：根据生产活动的目的，考虑生产活动的效率、质量等制约条件和物品自身的特殊的要求（如时间、质量、数量、流程等），划分出适当的放置场所，确定物品在场所中的放置状态，作为生产活动主体人与物品联系的信息媒介，从而有利于人、物的结合，有效地进行生产活动。对物品进行有目的、有计划、有方法的科学放置，称为现场物品的定置。

定置管理的内容较为复杂，在企业中可粗略地分为企业区域定置、生产现场定置和办公室定置等。

① 区域定置。区域定置内容如图 4-12 所示。

A 类区：放置 A 类物品。如在用的工具、夹具、量具、辅具，正在加工、交检的产品，正在装配的零部件

图 4-12　生产现场区域定置管理内容图

B 类区：放置 B 类物品。如重复上场的工艺装备、辅具、运输工具，计划内投料毛坯，待周转的半成品，待装配的外配套件及待保管的工艺装备，封存设备，车间待管入库件，待料，临时停滞料（因工艺变更）等。

C 类区：放置 C 类物品。如废品、垃圾、料头、废料等。

② 设备、工艺装备的定置。

• 根据设备管理要求，对设备划分类型（精密、大型、稀有、关键、重点等设备），分类管理。

• 自制设备、专用工艺设备经验证合格交设备管理部门管理。

• 按照工艺流程，将设备合理定置。

• 对设备附件、备件、易损件、工艺装备合理定置、加强管理。

③ 操作者定置。人员实行机台（工序）定位：某台设备、某工序缺员时，调整机台操作者的原则是保证生产不间断，培养多面手，搞一专多能。

④ 质量检查现场定置。

• 检查现场一般划分为合格品区、待检区、返修品区、废品区、待处理区；

• 区域分类标记。可用字母 A、B、C 表示，也可用红、黄、蓝等颜色表示或直接用中文表示。

⑤ 质量控制点定置。即把影响工序质量的各要素有机地结合成一体，并落实到各项具体工作中去，做到事事有人负责。

• 操作人员定置（定岗）；

• 操作人员技术水平必须具备岗位技术素质的要求；

• 操作人员应会运用全面质量管理方法；

• 操作人员应做到文明生产。

⑥ 其他。包括工件的定置管理，工具箱及箱内物品的定置管理，运输工具、吊具的定置管理，安全设施的定置管理。

2）现场定置标准

① 现场场地的定置标准化：要有按标准设计的现场定制图；生产场地、通道、工具

箱、物品存放区等都有标准的信息显示,如标牌、标示线等;对易燃、易爆物品及消防设施、有污染的物品,应符合特别定置的条件;要有车间、班组卫生区的定置,并设置责任区信息牌;临时停滞物品区域的定置管理规定,包括积压的半成品停滞、待安装的设备和建筑材料等,这些都要有明确的定置标准区域;垃圾、废弃物品回收点定置,包括回收箱的分类标示;按定置图的要求,清除与区域无关的物品。

② 现场各工序、工位、机台的定置图:必须有各工序、工位、机台的定置图;要有图纸架、工艺文件等资料的定置规划;有工具、夹具、量具、仪表、小型工具、工作器具在工序、工位、机台停放的定置要求;有材料、半成品及工位器具等在工序、工位摆放数量、方式的定置要求;附件箱、零件货架的编号必须同账、卡、目录一致,账、卡等信息要有流水号目录。

③ 工位器具的定置标准化。工位器具是在工作地或库房重地存放生产对象或工具的各种装置。如工具箱、工具柜、工件架等。它已成为生产中不可缺少的工具。采用合适的工位器具,一方面可以防止工件的相互磕碰、划伤;另一方面也可以改善生产现场环境,提高生产和工作效率。

工位器具标准化的主要内容如下:必须按标准设计定置图;工具摆放要严格遵守定置图,不准随便堆放;定置图及工具卡片一律贴在工具箱门内侧上;工具箱的摆放地点要标准化;同工种、工序的工具摆放要标准化;编制工位器具图册。企业中使用的工位器具,若需要自制时,最好统一设计、制造,并同已有的工位器具(包括外购的)汇集成册,也可以促进其标准化、统一化。

④ 消防、配电等安全设施的定置标准化。消防灭火器材的定置:周围画红色斑马线;配电器材的定置:周围画红色斑马线;移动设备、易发生机械伤人的现场:老虎线。

⑤ 检查现场的定置标准化。要有检查现场的定置图;要划分不同区域并用不同颜色标示,如成品、半成品待检区(蓝色)及合格区(绿色),废品区(红色),返修、待处理区(黄色);小件物品可装在不同颜色的大容器内,以示区别。

(2) 目视管理

1) 目视管理操作内容

目视管理是利用形象、直观、色彩适宜的各种视觉感知信息来组织设计、生产、修理现场的活动,达到提高设计、生产、修理效率的一种管理模式。简单地讲,就是"视觉器官"管理;它是以视觉信号为基本手段,以公开化为基本原则,尽可能将管理者的要求和意图让大家能看到,借以推动自我管理、自我控制。目视管理是一种公开化和以视觉显示为特征的管理方式。

① 规章制度与工作标准的公开化。为了维护统一的组织和严格的纪律,保持大工业生产所要求的连续性、比例性和节奏性,提高劳动生产率,实现安全生产和文明生产,凡是与现场工人密切相关的规章制度、标准、定额等,都需要公布于众;与岗位工人直接有关的,应分别展示在岗位上,如岗位责任制、操作程序图、工艺卡片等,并要始终保持完整、正确和洁净。

② 生产任务与完成情况的图表化。现场是协作劳动的场所,因此,凡是需要大家共

同完成的任务都应公布于众。计划指标要定期层层分解，落实到车间、班组和个人，并列表张贴在墙上；实际完成情况也要相应地按期公布，并用作图法，使大家看出各项计划指标完成中出现的问题和发展的趋势，促使集体和个人都能按质、按量、按期完成各自的任务。

③ 与定置管理相结合，实现视觉显示信息的标准化。在定置管理中，为了消除物品混放和误置，必须有完善而准确的信息显示，包括标示线、标示牌和标示色。因此，目视管理在这里便自然而然地与定置管理融为一体，按定置管理的要求，采用清晰的、标准化的信息显示符号，将各种区域、通道，各种辅助工具（如料架、工具箱、工位器具、生活柜等）均应运用标准颜色，不得任意涂抹。

④ 生产作业控制手段的形象直观与使用方便化。为了有效地进行生产作业控制，使每个生产环节，每道工序能严格按照数量标准进行生产，杜绝过量生产、过量储备，要采用与现场工作状况相适应的、简便实用的信息传导信号，以便在后道工序发生故障或由于其他原因停止生产，不需要前道工序供应在制品时，操作人员看到信号，能及时停止。例如，"看板"就是一种能起到这种作用的信息传导手段。各生产环节和工种之间的联络，也要设立方便实用的信息传导信号，以尽量减少工时损失，提高生产的连续性。生产作业控制除了数量控制外，还要有质量和成本控制，也要实行目视管理。例如，质量控制，在各质量管理点（控制），要有质量控制图，以便清楚地显示质量波动情况，及时发现异常，及时处理。车间要利用板报形式，将"不良品统计日报"公布于众，当天出现的废品要陈列在展示台上，由有关人员会诊分析，确定改进措施，防止再发生。

⑤ 物品的码放和运送的数量标准。物品码放和运送实行标准化，可以充分发挥目视管理的长处。例如，各种物品实行"五五码放"，各类工位器具，包括箱、盒、盘、小车等，均应按规定的标准数量盛装，这样，操作、搬运和检验人员点数时既方便又准确。

⑥ 现场人员着装的统一化与实行挂牌制度。现场人员的着装不仅起劳动保护的作用，在机器生产条件下，也是正规化、标准化的内容之一。它可以体现职工队伍的优良素养，显示企业内部不同单位、工种和职务之间的区别，因而还具有一定的心理作用，使人产生归属感、荣誉感、责任心等，对于组织指挥生产，也可创造一定的方便条件。挂牌制度包括单位挂牌和个人佩戴标示。按照企业内部各种检查评比制度，将那些与实现企业战略任务和目标有重要关系的考评项目的结果，以形象、直观的方式给单位挂牌，能够激励先进单位更上一层楼，鞭策后进单位奋起直追。个人佩戴标示，如胸章、胸标、臂章等，其作用同着装类似。另外，还可同考评相结合，给人以压力和动力，达到催人进取、推动工作的目的。

⑦ 色彩的标准化管理。色彩是现场管理中常用的一种视觉信号，目视管理要求科学、合理、巧妙地运用色彩，并实现统一的标准化管理，不允许随意涂抹。这是因为色彩的运用受多种因素制约：

第一，技术因素。不同色彩有不同的物理指标，如波长、反射系数等。强光照射的设备，多涂成蓝灰色，是因为其反射系数适度，不会过分刺激眼睛。危险信号多用红色，这既是传统习惯，也是因其穿透力强，信号鲜明的缘故。

第二，生理和心理因素。不同色彩会给人以不同的重量感、空间感、冷暖感、软硬感、清洁感等情感效应。例如，高温车间的涂色应以浅蓝、蓝绿、白色等冷色为基调，可给人以清爽舒心之感；低温车间则相反，适宜用红、橙、黄等暖色，使人感觉温暖。热处理设备多用属冷色的铅灰色，能起到降低"心理温度"的作用。家具厂整天看到的是属暖色的木质颜色，木料加工设备则宜涂浅绿色，可缓解操作者被暖色包围所涌起的烦躁之感。从生理上看，长时间受一种或几种杂乱的颜色刺激，会产生视觉疲劳，因此，就要讲究工人休息室的色彩。如纺织工人的休息室宜用暖色；冶炼工人的休息室宜用冷色。这样，有利于消除职业疲劳。

第三，社会因素。不同国家、地区和民族，都有不同的色彩偏好。例如，我国人民普遍喜欢绿色，因为它是生命、青春的象征；而日本人则认为绿色是不吉祥的。

2）目视管理操作工具与种类

目视管理常用工具有：红牌、看板、信号灯、操作流程图、区域线、管理板、公示板、警戒线、错误演示板、错误防止版。

在目视管理中，标牌配颜色是最常用的，标牌加上不同的颜色给别人不同的重视感、空间感、冷暖感、软硬感、清洁感等效应。

颜色合理的配置对人的工作影响极大。在现场，目视管理可以分为五大类：

① 物品管理；

② 设计、生产管理；

③ 设备管理；

④ 质量管理；

⑤ 安全管理。

细致分类可以分到质量异常、交期异常、库存异常、设备异常、模具异常、生产延迟异常、作业时间延迟异常、标准作业不遵守异常、消耗品使用异常、投料错误异常、管理图正确性异常、搬运异常、库存多异常、人员配置异常等。

一般将目视管理分为四级，具体如下。

① 无水准：合格品与不合格品混放、质量、数量不清、缺乏管理；

② 初级水准：整理结果将不合格品清除，把留下的合格品保存；

③ 中级水准：经过初步整理、整顿，将不合格品进行标示，使合格品处于数好点、量好管、一目了然的状态；

④ 高级水准：应用目视管理，分级标示出合格品管理的安全性、库存量、运走量、余量，一目了然。

4.3.3 主要的清扫推行方法

清扫的方法主要是防呆法。

(1) 防呆内容与原则

防呆法就是：想要做错也不可能，最常见的就是电脑后面各类插头的设计，确保你不懂，但只要插得进去，就是正确的。防呆法的另一个说法是：防错，是本质安全中一种典型的原则与工具。

① 具有即使有人为疏忽也不会发生错误的构造——不需要注意力。

② 具有外行人来做也不会错的构造——不需要经验与直觉。

③ 具有不管是谁或在何时工作都不会出差错的构造——不需要专门知识与高度的技能。

在进行"防呆法"时，有四个原则可供参考：

① 使作业的动作轻松。难于观察、难拿、难动等作业即变得难做，变得易疲劳而发生失误。区分颜色使得容易看，或放大标示，或加上把手使得容易拿，或使用搬运器具使动作轻松。

② 使作业不要技能与直觉。需要高度技能与直觉的作业，容易发生失误。考虑治具及工具，进行机械化，使新进人员或支持人员也能做不出错的作业。

③ 使作业不会有危险。因不安全或不安定而会给人或产品带来危险时，加以改善使之不会有危险。马虎行之或勉强行之易发生危险，因此要设法装设无法马虎或无法勉强的装置。

④ 使作业不依赖感官。依赖像眼睛、耳朵、感触等感官进行作业时，容易发生错误。制作治具或使之机械化，减少用人的感官来判断的作业。如果一定要依赖感官的作业，譬如，当信号一红即同时有声音出现，设法使之能做二重三重的判断。

(2) 防呆法操作要点

① 发现人为疏忽。发生何种人为疏忽，需要搜集数据进行调查，判断自己的工作在哪里出现问题。平常即搜集像异材混入、表示失误、数量不足、零件遗忘、记录错误等数据，加以整理即可发现问题点。调查工程检查结果、产品检查结果等数据，掌握发生了何种问题。

② 设定目标，制定实施计划书。目标尽可能用数字表示。计划书是表明什么时候由什么人做什么事示，如何做。

③ 调查人为疏忽的原因。尽可能广泛地收集情报和数据，设法找出真正的原因。

④ 提出防错法的改善方案。若掌握了原因，则提出创意将其消除。提出创意的技法有脑力激荡法、查核表法、5W1H 法、KJ 法等。

⑤ 实施改善方案。在只有自己的战场中进行者，有与其他部门协力进行者，有依赖其他部门进行者。

⑥ 确认活动成果。活动后必须查核能否按照目标获得成果。

⑦ 维持管制状态。防呆法是任何人都能使作业不出差错的一种构造。不断地注意改善状况，若发生新问题时要能马上处理，贯彻日常的管理是非常重要的事情。

4.3.4　主要的清洁推进方法

清洁的方法主要有两种：一是走动式管理，另一种是 4M1E 控制。

(1) 走动式管理

1) 走动式管理操作内容

走动管理是指高阶主管利用时间经常抽空前往各个办公室走动，以获得更丰富、更直接的员工工作问题，并及时了解所属员工工作困境的一种策略。它主要是指企业主管身先士卒，深入基层，体察民意，了解真情，与部属打成一片，共创业绩。

走动式管理主要内容包括：

① 品质管理：检查、评价、指导、纠正工作质量和产品质量；
② 作业方法查核：安全规范、操作规范、行为规范等；
③ 生产进度控制：督导、协调各部门的工作配合；
④ 设备保养维护执行状况查核：各类生产、办公设备及设施；
⑤ 查核材料供应状况：生产材料的供需协调和质量把关；
⑥ 生产效率维护；
⑦ 各项制度的落实：督促、指导与检查；
⑧ 维护工作纪律及员工士气；
⑨ 沟通信息。

2）走动式管理操作要点

① "四多"原则。

一要多看，走动式管理首先要"勤走"，不能"盲走"。在走的过程中要充分调动眼睛的功能，处处留意、细心观察。不但看表象还要看实质，不但看大面还要看个点，不但看明处还要看暗处。

二要多听，走动式管理还要"会走"，不能"乱走"。在走与看的过程中，要善于倾听，既要听员工的建议，也要听他们的牢骚，既要听员工的有意之言，也要听他们的无心之语，但绝不能只会听或只爱听那些阿谀奉承的恭维之词。

三要多问，在听与看的基础上，还要多提问题，并善于提问题。问生产中的困难，问生产进度，问员工在想什么，问员工对公司政策有没有意见等。另外，看到问题、听到疑点也要问清楚、问明白。

四要多想，想就是思考、分析、判断。在走动管理中，"想"既是走、看、问的起点，也是上述动作的归结点。事前没有周密的思考，就会胡走、乱看、瞎问；走到了、看清了、问明了，不用心思考就会使走动管理流于形式，不认真分析判断就有可能做出错误决策。

② 实施方法。

一是怎么"走"？"走动管理"用什么去"走"？不仅仅是用腿，还要用脑、用眼、用嘴，不是让你去"瞎走"、"乱走"，也不是让你走到位就算完成任务。

二是在"走"之前，你要先用脑子思考一下：

A、往哪"走"？应该考虑当前生产的重点是哪个环节？哪个岗位的问题比较严重？哪个工序问题、难题较多？哪个位置是你的职能重点？那才是首先要"走"到的地方。

B、何时"走"？琢磨琢磨什么时间什么位置容易出问题、有难点，那才是应该"走"的最佳时间和地点。

C、怎么"走"？不要抱着怀疑与挑剔的眼光往下"走"，也不要一副闲情逸致的样子"走"下去，有时甚至也不能大张旗鼓地往下"走"，"走动管理"的"走"字很有学问，需结合实际研究探索"走"的有效方式方法，才能为后面的"管理"二字奠定基础。

现场故事4-2

麦当劳的走动管理

在西式快餐业里,管理者常用的管理方式被形象地称为"走动式管理",关于这种管理模式的产生有一段趣闻。当时,西式快餐连锁模式的发明者——麦当劳集团的第二任总裁雷克罗克先生,在走访了他的三十多家连锁店后,站在办公室的大落地玻璃前进入了沉思。此时,麦当劳正陷入了经营业绩的低谷时期,他的办公桌堆满了调查报告。过一会,雷紧的眉头舒展开了,他快步走到桌前奋笔疾书起来。大约过了三天,所有麦当劳店长的办公桌上都放置了一份文件,那是雷亲自下达的一个命令。这份命令很奇怪,它要求每一位店长用钢锯锯下他们办公椅椅背。面对这份奇怪的命令有些店长觉得很不理解,不过,他们仍然执行了这个命令,过了一个礼拜,这个命令的用意慢慢地明显了。原来,雷的用意是让每一位店长都不要舒服地坐在办公室里,而是要在店里走动,发现问题解决问题。麦当劳的店长们把这种在走动中完成的管理称为"走动式管理"并且将之发扬到个快餐行业中。经过这段小插曲,"麦当劳"的经营业绩的也开始慢慢回升。

(2) 4M1E 控制操作内容

1) 4M1E 的要素

4M1E法指 Man(人),Machine(机器),Material(物),Method(方法),简称人、机、事、物方法,告诉我们工作中充分考虑人、机、事、物四个方面因素,通常还要包含E:Environments(环境),故合称4M1E法。也就是人们常说的:人、机、料、法、环现场管理五大要素。

① 人(Man),就是指在现场的所有人员,包括主管、司机、生产员工、搬运工等。围绕这"人"的因素,各种不同的企业有不同的管理方法。人的性格特点不一样,那么生产的进度,对待工作的态度,对产品质量的理解就不一样。作为领导者,对不同性格的人用不同的方法,使他们能"人尽其才"。

② 机(Machine),就是指生产中所使用的设备、工具等辅助生产用具。生产设备是否正常运作、工具的好坏都是影响生产进度、产品质量的要素。良好的设备状态能提高生产效率,提高产品质量。

③ 物(Material),指半成品、配件、原料等产品用料。产品一般都有几种、几十种配件或部件,由多部门同时运作生产出来。不论哪一个部门,工作的结果都会影响到其他部门的生产运作。在生产管理的工作里,必须密切注意前工序送来的半成品、仓库的配件、自己工序的生产半成品或成品的进度情况等。

④ 法(Method),指生产过程中所需遵循的规章制度,包括工艺指导书、标准工序指引、生产图纸、生产计划表、产品作业标准、检验标准、各种操作规程等。严格按照规程作业,是保证产品质量和生产进度的基本条件。

⑤ 环(Environments),指环境。某些产品(食品、高科技产品)对环境的要求很高,环境也会影响产品的质量,环境是生产现场管理中不可忽略的一环。

2) 4M1E 控制操作要点

① 操作要求。

第一，现场实行定制管理，使人流、物流、信息流畅通有序，现场环境整洁，文明生产；

第二，强化工艺管理，优化工艺路线和工艺布局，提高工艺水平，严格按工艺要求组织生产，使生产处于受控状态，保证产品质量；

第三，以生产现场组织体系的合理化、高效化为目的，不断优化生产劳动组织，提高劳动效率；

第四，健全各项规章制度、技术标准、管理标准、工作标准、劳动及消耗定额、统计台账等；

第五，建立和完善管理保障体系，有效控制投入产出，提高现场管理的运行效能；

第六，搞好班组建设，充分调动职工的积极性和创造性。

② 控制措施。

第一，操作人员因素（人）主要控制措施：

一是生产人员符合岗位技能要求，经过相关培训考核。

二是对特殊工序应明确规定特殊工序操作、检验人员应具备的专业知识和操作技能，考核合格者持证上岗。

三是操作人员能严格遵守公司制度和严格按工艺文件操作，对工作和质量认真负责。

四是检验人员能严格按工艺规程和检验指导书进行检验，做好检验原始记录，并按规定报送。

第二，机器设备因素（机）主要控制措施：

一是有完整的设备管理办法，包括设备的购置、流转、维护、保养、检定等均有明确规定。

二是设备管理办法各项规定均有效实施，有设备台账、设备技能档案、维修检定计划、有相关记录，记录内容完整准确。

三是生产设备、检验设备、工装工具、计量器具等均符合工艺规程要求，能满足工序能力要求，加工条件若随时间变化能及时采取调整和补偿，保证质量要求。

四是生产设备、检验设备、工装工具、计量器具等处于完好状态和受控状态。

第三，材料因素（料）主要控制措施：

一是有明确可行的物料采购、仓储、运输、质检等方面的管理制度，并严格执行。

二是建立进料检验、入库、保管、标示、发放制度，并认真执行，严格控制质量。

三是转入本工序的原料或半成品，必须符合技术文件的规定。

四是所加工出的半成品、成品符合质量要求，有批次或序列号标示。

五是对不合格品有控制办法，职责分明，能对不合格品有效隔离、标示、记录和处理。

六是生产物料信息管理有效，质量问题可追溯。

第四，工艺方法的因素（法）主要控制措施：

一是工序流程布局科学合理，能保证产品质量满足要求。

二是能区分关键工序、特殊工序和一般工序，有效确立工序质量控制点，对工序和控制点能标示清楚。

三是有正规有效的生产管理办法、质量控制办法和工艺操作文件。

四是主要工序都有操作规程或作业指导书，操作文件对人员、工装、设备、操作方法、生产环境、过程参数等提出具体的技术要求。特殊工序的工艺规程除明确工艺参数外，还应对工艺参数的控制方法、试样的制取、工作介质、设备和环境条件等作出具体的规定。

五是工艺文件重要的过程参数和特性值经过工艺评定或工艺验证；特殊工序主要工艺参数的变更，必须经过充分试验验证或专家论证合格后，方可更改文件。

六是对每个质量控制点规定检查要点、检查方法和接收准则，并规定相关处理办法。

七是规定并执行工艺文件的编制、评定和审批程序，以保证生产现场所使用文件的正确、完整、统一性，工艺文件处于受控状态，现场能取得现行有效版本的工艺文件。

八是各项文件能严格执行，记录资料能及时按要求填报。

第五，环境的因素（环）主要控制措施：

一是有生产现场环境卫生方面的管理制度。

二是环境因素如温度、湿度、光线等符合生产技术文件要求。

三是生产环境中有相关安全环保设备和措施，职工健康安全符合法律法规要求。

四是生产环境保持清洁、整齐、有序，无与生产无关的杂物。

五是材料、半成品、用具等均定置整齐存放。

4.3.5 主要的素养推进方法

素养的主要方法是5W1H技术。

(1) 5W1H技术操作内容

5W1H：是对选定的项目、工序或操作，都要从原因（何因 Why）、对象（何事 What）、地点（何地 Where）、时间（何时 When）、人员（何人 Who）、方法（何法 How）六个方面提出问题进行思考。

① 对象（What）——什么事情。公司生产什么产品？车间生产什么零配件？为什么要生产这个产品？能不能生产别的？我到底应该生产什么？例如：如果这个产品不挣钱，换个利润高点的好不好？

② 场所（Where）——什么地点。生产是在哪里干的？为什么偏偏要在这个地方干？换个地方行不行？到底应该在什么地方干？这是选择工作场所应该考虑的。

③ 时间和程序（When）——什么时候。例如这个工序或者零部件是在什么时候干的？为什么要在这个时候干？能不能在其他时候干？把后工序提到前面行不行？到底应该在什么时间干？

④ 人员（Who）——责任人。这个事情是谁在干？为什么要让他干？如果他既不负责任，脾气又很大，是不是可以换个人？有时候换一个人，整个生产就有起色了。

⑤ 为什么（Why）——原因。为什么采用这个技术参数？为什么不能有变动？为什么不能使用？为什么变成红色？为什么要做成这个形状？为什么采用机器代替人力？为什

非做不可？

⑥ 方式（How）——如何。手段也就是工艺方法，例如，我们是怎样干的？为什么用这种方法来干？有没有别的方法可以干？到底应该怎么干？有时候方法一改，全局就会改变。

(2) 5W1H 技术操作要点

① 理解与运用 WHERE。当事件发生的时候，第一要知道的是，事情发生在哪里，这就是我们所说的第一层意思用它来分析，这还不够，当第一个 5W1H 分析循环结束后，还得根据分析的结果，然后用第二个循环来安排后续在哪里做更合适。

② 如何理解与运用 WHEN。当事件发生的时候，必须清楚知道事件发生的具体时间，同时考虑前后生产产品的关联性，以便后续需要对产品进行区分作好准备，同样这就是所说的第一层意思用它来分析，当第一个 5W1H 分析循环结束后，还得根据分析的结果，再用第二个循环来安排后续需要什么时候做更合适。

③ 如何理解与运用 WHO。当事件发生的时候，应该很清楚地知道，发生时谁在做这件事情，要考虑做这件事情的人员与事件的关联性，以便得出其他方面有潜在的问题存在，这也就是所说的第一层意思用它来分析，和上面一样当第一个 5W1H 分析循环结束后，还得根据分析的结果，考虑后用第二个循环来安排后续谁来做更合适。

④ 如何理解与运用 What。通过上面的 3W 基本已经可以弄清事件的对象了，然后把前面 3W 综合起来描述整件事情的经过了，做一个简单的事件总结，同时在后续如何处理描述时就按照以上分析 3W，安排好后续工作的描述。

⑤ 如何理解与运用 Why。所谓的 Why 即根据上面的分析，我们找出问题的真正原因所在，以便为后续的 How 做好准备，同时由于生产现场的管理人员的经验及知识面的不足，对事情做不出真正原因的分析，这是正常的，找不出原因事，也不用着急，但前面的 4W 必须要弄清楚，以便上级或其他单位分析出真因时执行。

⑥ 如何理解与运用 How。把整个事件的对象都描述清楚后，需要考虑临时的对策是什么，如先后生产的产品是否需要隔离研究处理等，同样要考虑后续长远的对策是什么，根据具体情况考虑是否形成相关的标准文件，规范后续不要再发类似的事件，在后续的生产起到警示作用。计划工作的任务就是根据社会的需要以及组织的自身能力，确定组织在一定时期内的奋斗目标；通过计划的编制、执行和检查，协调和合理安排组织中各方面的经营和管理活动，有效地利用组织的人力、物力和财力资源，取得最佳的经济效益和社会效益。

现场故事4-3

图书馆自习室打扫卫生

图书馆是个大集体，是学习的集中区。在图书馆自习室学习的同学会带很多吃的、喝的东西，然而在离开后却不记得要带走放入垃圾篓，包括一些草稿用的纸张也任意丢在桌上，给清洁阿姨带来巨大麻烦，怎样快速合理打扫好自习室成为一大难题，对此，小组讨论如表 4-18。

表 4-18　小组讨论

考察点	第一次提问	第二次提问	第三次提问
目的	做什么:打扫自习室	是否必要:有必要	有无其他更合适的对象:没
原因	为何做:营造一个良好的学习环境	为什么这样做:使学生有个干净舒适的地方学习	是否需要做:非常需要
时间	何时做:每天都要打扫清理上午九点,晚上八点	为何需要此时做:此时员工上下班	有无其他更合适的时间:有,在学生未到之前或离开以后,这样就不会打扰学生
地点	何处做:两个自习阅览室	为何要在此处做:此处人多垃圾多	有无其他更合适的地点:没有
人员	何人做:清洁工	为何需要此人做:她们的工作	有无其他更合适的人:自习学生自己打扫用过的地方或者学生勤工俭学,又可以自习
方法	如何做:一个个桌子层层递扫出来	为何需要这样做:这样节省时间	有无其他更合适的方法与工具:各分间的阿姨集中在一起一间间扫

本章小结

本章主要探讨现场管理的基本方法——5S 管理,5S 管理是现场管理最有效的办法,是一种全面提升现场要素状态、改善要素连接状态的现场管理方式,对于要素状态力提升、要素连接力提升以及要素管控力提升都有极好的效果,尤其是前 3S 是现场管理的基础。本章第一部分分析 5S 管理的内涵与本质,明确现场 5S 实施的基本条件;本章第二部分分析 5S 管理中整理、整顿、清扫、清洁、素养的要素、对象、原则、关注点以及推进要点;本章第三部分主要分析 5S 管理的推进方法,包括红牌作战、目视管理、定置管理、防呆法、走动式管理、4M1E 控制和 5W1H 技术。

复习思考

1. 分析 5S 管理的本质与实施条件。
2. 分析整理、整顿、清扫的含义与实施要点。
3. 分析清洁的内涵、关注点与推行要点。
4. 分析素养的内涵、本质与推行要点。
5. 分析整顿的三要素与三定原则。
6. 分析清扫三原则与关注点。
7. 叙述目视管理与定置管理的内容与操作步骤。
8. 叙述 4M1E 控制和 5W1H 技术的内容与操作步骤。

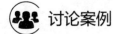

某石化企业化工三部 5S 管理推进

设备标示准确清晰,作业规程简明扼要,工机具存放整齐……走进某石化企业化工三部,装置区域和机柜间干净整洁,员工操作也都标准规范。

这得益于化工三部推行的"5S"管理。作为公司"5S"管理试点单位,化工三部结合"三基"工作、"三标"建设,将"5S"管理工作落实到生产各环节,不断提升现场管理水平,努力让标准化、规范化成为全员的行为自觉和职业习惯。

围绕"5S"管理要求,化工三部安排专人负责"5S"管理,细分41个工作网格,制定计划任务清单,每月组织例会积极探讨制定方案,每周定期对现场面貌进行全面检查,及时跟踪进度,让"5S"管理常态化。

目视化管理是装置现场"5S"管理的重点之一。通过贴胶带、用鲜明颜色定位涂刷等,整改现场管道标示,确保管道、机泵、仪表位号及上下限清晰准确,实现现场标示规范化。截至目前,已按标准在柱子及基座等喷涂油漆面积约600平方米,装置现场面貌一新。

在装置检修期间,化工三部还根据施工作业内容定点划区,有针对性地加强工机具分类存放等现场管理。分部安全管理人员驻守现场,除作业安全条件外,还对规范化措施落实情况进行检查确认。作业结束后,及时组织员工及承包商对施工场地进行清洁打扫,确保现场施工管理规范、有序、高质量。

素养提升是"5S"管理的一项重要内容。化工三部积极开展标准化岗位建设,以岗位练兵、技能比武等多种形式,全面提高岗位人员规范操作的意识与能力,掌握标准化作业流程,做到"上标准岗、干标准活、交标准班"。

此外,化工三部还联合承包商单位,定期开展装置除草、卫生清洁等活动,及时清理现场杂草及垃圾,确保工作环境整洁干净。

"5S"管理已成为化工三部提升工作质量的"硬标尺"和"指挥棒"。化工三部将持续践行"5S"管理要求,努力打造标杆示范区。

讨论问题:

1. 怎么认识某化工三部5S管理推进过程与结果?
2. 某化工三部推进5S管理的主题内容是什么?
3. 分析某化工三部推进的5S管理与企业其他管理体系的关系。

第5章

企业现场管理体系化与标准化

学习目标

- 了解 5S 管理体系文件编制的基本要求
- 把握 5S 管理标准化的要点和成效
- 了解 5S 管理活动习惯化的内容
- 把握 5S 管理全员参与的方式
- 了解创建 5S 管理机制的目的与过程

知识结构

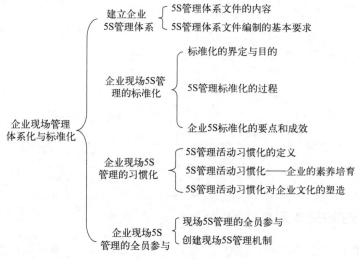

引导案例

5S 管理促企业治理效能提升

某炼化炼油运行五部顺利通过了河北省青年安全生产示范岗的现场验收。物品的定置摆放、干净的环境、亮洁的设备、员工良好的精神面貌让河北省团委检查人员赞叹不止。创建工作能有序推进并达标,与企业 5S 管理落地实施密不可分。该公司紧紧围绕整理、整顿、清扫、清洁、素养 5S 管理基本内容，从制度统筹、典型示范、特色活动入手，全面启动 5S 管理提升行动。半年来，干部职工参与积极性不断提高，企业治理效能、工作效率提升，现场环境、队伍精神面貌大为改观，迸发出企业发展新活力。

2023 年 1 月，某炼化就先后完成《5S 管理提升行动实施方案》《5S 管理指导手册》《5S 管理启动示范年（2023）推进网格计划》，同时成立工作领导小组和推进办公室，落实工作责任，建立起公司、职能部门、装置、班组四级管控组织。公司负责人率先垂范，承包责任区域，依照制度宣讲动员，进一步凝聚共识，实现思想上破冰。公司一系列制度，特别是 5S 管理提升行动三年规划的目标任务、实施措施，讲得清清楚楚、明明白白，样样有标准，事事有规范，不但便于学习培训，还有利于统筹指导工作。

5.1　建立企业 5S 管理体系

与 ISO 9000 质量认证一样，企业要想成功地推进 5S 管理，必须有一个完善的系统来支持。建立一套适合组织特点，符合 5S 管理要求便于操作和利于考核检查的结构化、系统化的企业 5S 管理体系，对于企业来说是 5S 管理互动深入开展的保证，而编制出相应的 5S 管理文件则是保证企业 5S 管理体系正确运行和有效实施，实现企业预定的目标具有不可缺少的重要作用。5S 系统化文件有助于推进更高层管理的支持，如果这些文件做得很好，就能保证企业顺利地推行现场 5S 管理。现在大部分企业都采用 ISO 国际标准系统进行内部体系化管理，可以采用把 5S 管理文件和 ISO 国际标准融合一体的方法。5S 管理文件与 ISO 系统文件基本一样，如图 5-1 所示，也分为四个层次，采用同样的推行方法，5S 管理就与企业日常管理活动紧密地结合在一起了。

图 5-1　5S 体系文件层次图

5.1.1　企业 5S 管理体系文件的内容

企业 5S 管理体系文件的内容，参照 ISO 9001 或 ISO 14001 等国际标准的结构形式进行编制。从目前大部分企业 ISO 系列标准的实施情况来看，采用手册的形式比较多。通常的内容一般都把企业 5S 管理活动职责、5S 管理内容、作业指导书、检查考核、内部审核等内容整合在一起。在实施体系建设的企业里，通常将手册纳入到管理体系文件中去，其中部分程序可以与质量管理体系（或整合型管理体系）相兼容，如"文件控制程序"、"记录控制程序"、"不符合、纠正和预防措施控制程序"等，其内审和管理评审可与质量（环境、职业健康安全）管理体系合并举行。

企业导入5S管理活动，简单来说可以是这样的。首先是员工行动起来，接下来员工要做好做正确，其次要促进5S管理活动的持续进行，最后达成5S管理活动的习惯化。在相应的活动过程中，配以相应的管理体系，即基本知识培训体系、5S管理标准、5S作业指导、5S评价改善体系和奖惩体系等。企业的5S管理体系一般包括基本知识培训体系、5S管理标准和5S作业指导，5S评价改善体系和奖惩体系这四个方面，相应的5S管理体系文件包括5S活动管理标准、作业指导书以及管理手册等。

5.1.2 企业5S管理体系文件编制的基本要求

企业5S管理体系文件是企业对其他管理标准的补充，特别是在实施质量、安全、环境、健康管理体系的企业中，导入企业5S管理可起到事半功倍的效果。因此，在编制5S管理体系文件时，还应遵循以下的基本要求：

① 应按企业的要求，规定适合的范围。5S管理体系主要是针对现场要素、要素连接与资源控制三方面的内容展开；

② 内容力求完整、准确、易于理解；

③ 应充分考虑其先进性和为未来的发展提供最佳结构；

④ 文本应准确、简明、严谨。准确即没有技术性和科学性的错误。简明即简单、明了、通俗易懂，避免繁琐和深奥的词语。严谨即逻辑性强，用词准确，切忌含糊不清、模棱两可。

关于企业5S管理体系文件的具体条款表述时的用词，可以详细了解以及正确使用GB/T 1.1—2020推荐的用词，见表5-1：

表5-1　条款规定标书中助动词的使用规则

GB/T 1.1—2009推荐用词	使用条件	使用规则
正面词：应 反面词：不应	表示要准确地符合标准且应严格遵守的要求	①"尽可能""尽量""考虑""优先考虑""充分考虑""避免""慎重"等词语不应该与"应"一起使用表示要求，建议与"宜"一起使用表示推荐 ②"通常""一般""原则上"等词语不应该与"应"或"不应"一起使用表示要求，可与"宜"或"不宜"一起使用表示推荐 ③不使用"必须"作为"应"的替代词，以避免将标准的要求与外部约束相混淆 ④不使用"不可""不得""禁止"代替"不应"来表示禁止 ⑤不应使用诸如"应足够紧固""应较为便捷"等定性的要求
正面词：宜 反面词：不宜	表示在正常情况下首先这样做	
正面词：可 反面词：不必	表示在标准规定的范围内允许稍有选择	
正面词：能/可能 反面词：不能/不可能	表示事情因果关系的可能性和潜在能力	

5S管理体系文件的编写可采用以下方法和步骤：

① 成立文件编写小组，明确职责；

② 收集有关5S方面的资料；

③ 对参与文件的编写人员进行5S方面的知识培训和文件编制的培训；

④ 确定拟编制文件的数量、结构、格式和文件编写计划；

⑤ 起草文件的"征求意见稿"；

⑥ 对"征求意见稿"进行审核（评审、评价）并修改，编写出送审稿；

⑦ 对"送审稿"进行审核（评审、评价）并修改，完成"报批稿"编制；

⑧ 主任委员（一般为企业最高管理者）审核、批准"报批稿"；

⑨ 发布5S管理体系文件；

⑩ 通过试运行，确定文件的有效性。在组织内根据使用者的反馈意见、使用效果以及相关文件（如质量管理体系文件等）的接口是否通畅，对文件进行修改，从而完成5S管理体系文件的编制。

5.2 企业现场5S管理的标准化

企业5S管理活动开展起来不算太难，也可以搞得轰轰烈烈，但要坚持下去，持之以恒，不断优化就不容易。企业推行5S管理活动到一定程度后，往往积累许多有益的经验，如何改善已经取得的成果不至于回到原来的老路上去，就需要进行标准化，标准化是实行5S管理的重要形式之一。统一的标示标准、操作标准、质量标准、摆放标准、安全标准，严格地执行标准是5S管理规范化的必要条件。对5S管理中形成的标准可纳入企业标准化体系文件中去。

5.2.1 标准化的界定与目的

(1) 标准与标准化

为在一定范围内获得最佳秩序，经协商一致制定并由公认机构批准，共同使用的和重复使用的一种规范性文件，这就是标准。企业的标准一般分为技术标准、管理标准和工作标准，企业5S管理的标准则包含管理标准和工作标准。

企业5S推进到一定的程度后，就要进入标准化阶段，标准化是制度化的最高形式，可运用到生产、开发设计、管理等方面，是一种非常有效的工作方法。所谓标准化就是对于一项任务将目前认为最好的实施方法作为标准，让所有做这项工作的人都执行这个标准并不断地完善它，整个过程称之为标准化，是为了在一定范围内达到最佳秩序，对现实问题和潜在问题制定共同使用和重复使用的条款的活动。

(2) 企业5S管理标准的制定要求

许多企业都有这样或那样的5S管理标准，仔细分析会发现许多5S管理标准存在操作性差、不明确等问题。好的标准的制定要满足以下六点。

1）目标指向

标准必须是面对目标的，即遵循标准总是能保持生产出相同品质的产品。因此，与目标无关的词语、内容不应出现。

2）显示原因和结果

比如"安全地上紧螺丝"，这是一个结果，应该描述如何上紧螺丝；又比如"焊接厚度应是3微米"，这是一个结果，应该描述为："焊接工用3.0A电流20分钟来获得3.0微米的厚度"。

3）准确，避免抽象

"上紧螺丝时要小心"，什么是要小心？这样模糊的词语是不宜出现的。

4）数量化、具体

每个读标准的人必须能以相同的方式解释标准。为了达到这一点，标准中应该多使用图或数字，例如使用一个更量化的表达方式，"使用离心机 A 以 100＋/－50rpm 转动 5～6 分钟的脱水材料"来代替"脱水材料"的表达。

5）现实

标准必须是现实的，即可操作的。标准的可操作性非常重要。可操作性差是许多企业管理标准的通病。

6）修订

标准在需要时必须修订，在优秀的企业，工作是按标准进行的，因此标准必须是最新的，是当时正确的操作情况的反映。永远不会有十全十美的标准。以下的情况下应该修订标准：

① 内容难，或难以执行定义的任务；
② 当产品的质量水平已经改变时；
③ 当发现问题及改变步骤时；
④ 当部件或材料已经改变时；
⑤ 当机器工具或仪器已经改变时；
⑥ 当工作程序已经改变时；
⑦ 当方法、工具或机器已经改变时；
⑧ 当要适应外部因素改变（如环境的问题）时；
⑨ 当法律和规章（产品赔偿责任法律）已经改变时；
⑩ 标准（ISO 等）已经改变。

(3) 企业 5S 管理标准化的过程

企业 5S 管理标准化是一个过程，企业进行标准化时一定要有耐心，营造良好的改善氛围非常重要，比如管理看板、合理化提案制度、部门/企业改善发表大会、改善能手、标准化竞赛等等，让做得好的有成就感，做得不好的有压力，逐步引导，最终完成有效的标准化过程。

对于现场 5S 管理工作，应按照"五按五干五检"要求进行组织，即：

① 按程序、按线路、按标准、按时间、按操作指令；
② 干什么、怎么干、什么时间干、按什么线路干、干到什么程度；
③ 由谁来检查、什么时间检查、检查什么项目、检查的标准是什么、检查的结果由谁来落实。

用这样的要求来规范、评价及检查每项工作，使现场 5S 管理工作的标准化水平大幅度提升。管理水平的提升没有止境，虽然 5S 管理标准化在许多企业有体系、制度，但必须拿出"明知山有虎，偏向虎山行"的气魄，才能真正提升管理品质。

5.2.2 企业 5S 管理标准化的要点和成效

(1) 5S 管理标准化的要点

① 抓住重点。抓住重点就是利用戴明圆环原理，戴明圆环原理就是 PDCA，即计划、

执行、检查、总结。找出关键的少数以及找出重要的少数以便制订标准，这关键的少数，就是所谓80/20法则，20%的关键少数，80%的关键多数。

② 语言通俗简洁。简洁的语言就可以描述标准，简单扼要。

③ 目的和方法要明确。要具体明确地描述目的和方法，就能保证预期的目标能够达到。

④ 要注重内涵。标准即使是手写的也可以，不求华美庄重的外表，但要有丰富的内涵。

⑤ 明确各部门的责任。比如配备的实施、文件的保管，或培训人都要求有管理的规则。

⑥ 容易遵循。标准化必须容易遵循才能保证彻底地贯彻执行，如果说标准很难做，大家既看不懂又不太容易了解，它就不能贯彻执行，所以标准在制订之前，一定要考虑遵守的难易度，确定合适的方法。

⑦ 彻底实施。在实施标准中要经常确认遵守的状态，若遵守得不好就要调查原因，找出为什么没有遵守好。要彻底实施标准是一件非常重要的事情，制订的标准没有付诸实施，再好的标准也不过是一纸空文。

⑧ 修订完善。世界上没有十全十美的标准，所有的标准一开始都存在不同的问题，通过不断地操作、使用、修正才能逐渐地完善。

(2) 标准化的成效

如果标准化没有做到，或做得不好就很可能产出高成本低质量的产品，如果标准做得很好就自然会降低成本，制造出低成本高质量的产品。当获得低成本高质量的产品时，经济效益也必然就会提升，如果经济效益提升到很高的层次，这个企业就会获得社会效益。在企业的内部管理活动中，标准化的作业更是功不可没，其效果也可以分为：通用、附加、特别三种效果，如图5-2。

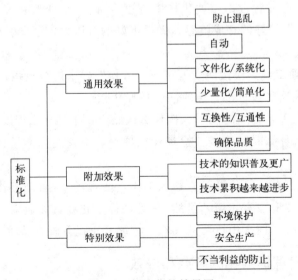

图5-2 标准化的效果图

在管理过程中，标准化和改善是紧密关联而又不可分割的，改善是标准化的基础，标准化是改善的巩固。没有改善就没有更新的标准化，而没有标准化，所有的改善则只能是作为周而复始的重复，不会累积新的技术而形成层次的提高或突破。如果活用改善和标准化，这两者相互依存，相互促进的关系将能够预测到问题，甚至可以及早地做好防范，更好地促进良好的标准化效果的达成。标准化与改善之间怎样相互促进，来达成最佳效果，如图 5-3。

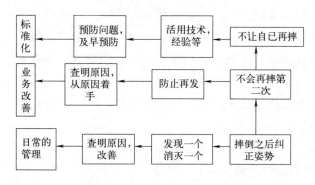

图 5-3　标准化与改善的关系

5.3　企业现场 5S 管理的习惯化

5.3.1　5S 管理活动习惯化的定义

习惯化就是素养相对应的最高表现，全员遵守 5S 管理规范，使之成为每天的习惯，将良好的状态保持下去，是全企业素养培育和提高的表现。素养讲的是坚持遵守规定，而推行好的现场 5S 管理体系应经历三个阶段：形式化—行事化—习惯化，所以，习惯化是"素养"和"坚持"追求的目标及结晶。

5S 管理活动习惯化之后的企业场景可以设想一下：区域设置整齐划一、补料堆放整洁有序、现场环境干净明亮；员工士气高涨、看板一目了然、员工自觉地把垃圾、生产产品的废弃物等分开放置，一道工序结束后就被直接送至下一步，且处处都有负责人的名字；操作现场有安全提示语；加上设备上的作业指示书有文字写明的步骤，并配以操作图；购入的半成品有生产厂家的名单与标示、在专门的备料区有堆放时间的控制、不管是领导人还是普通的员工看到身边的小纸屑和废物都能按照相应的标准放到其该放置的位置上。还有一些习惯化看不见的效益，如生产效率的提高，生产成本的降低以及企业的长远发展的促进等。

习惯化是 5S 管理活动的核心目的。通过 5S 管理活动的实施、监督、指导、考核，最终要实现全体员工对 5S 管理活动的一种坚持和习惯。做到企业通过四个"S"来改变现场，通过整理、整顿的习惯化，清扫、清洁的习惯化，来改变现场，来改变员工，通过改变员工来提高员工的素质和安全意识，通过促进 5S 管理活动的习惯化来促使生产的质量水平得到保障，效率得到提高，安全得到保障，同时消除现场的浪费，降低企业的成本。

5.3.2　5S管理活动习惯化——企业的素养培育

企业素养培育，促进5S管理活动的习惯化需要做到以下三点。

（1）成为指责高手的领导者

1）5S管理活动的习惯化的第一步从指责开始

制造出一流产品的企业现场中，一定有指责高手存在。指责即先指出问题点，没有改善应加以责备。目视现场是指责高手的舞台，通过目视化管理，要关注三定，即定品、定位、定量，询问和查找问题。如有没有划线区分呢？现场有没有看板反映要素与过程状态呢？是否有做到物品放置的三定要求？并思考在现场是否存有无指责的基本形态，主要是有关安全、品质和作业方面的形态。

2）带有爱心来指责

指责意味带有爱心，不指责是不尽心的管理者，如图5-4所示。

① 现场：热爱于制造物品的舞台；
② 制品：热爱于自己所制造出来的制品；
③ 部属：热爱于部属能成长。

图5-4　三种爱心打造习惯化

3）当场指责

看见现场零乱当场指责，这是指责高手的根本，也是使下属养成良好习惯的基础。以三现（现场、现况、现物）、三即（即时、即场、即刻）、三彻（彻头、彻尾、彻底），将造成零乱的原因与现象一起责备，如图5-5所示。

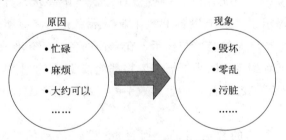

图5-5　以"三现、三即、三彻"批评

（2）善于接受指责

1）员工对待指责的态度

受到上级指责是自己成长的机会，受指责时立即积极回应处理则是善于接受批评的表现。受到指责时，以三现、三即、三彻来对应处理。

2) 领导对待指责的态度

作为领导者,不但要善于批评,还要善于接受批评,还要敢于自我批评,领导现场对待批评和指责的态度会让现场人员产生深刻的影响。做好现场的榜样是为了促进 5S 管理活动的习惯化,这是每一位领导者必须做到的。

① 经理、主任是企业的领导者,而班组长则是直接领导者;
② 不管是领导者还是下属员工必须以严肃的态度来面对现场的问题;
③ 对于现场的零乱,上级不必直接责备作业员,而要责备班组长;
④ 班组长是改善现场体质的主要责任者;
⑤ 严肃认真地对待问题,解决问题,对现场人员的感受是很深刻的。

(3) 用好 5S 习惯化检查表

以一定的分值为参考标准,不同分值对应不同解决策略,以此来推进 5S 管理活动的习惯化和发展,参见表 5-2。

表 5-2 某企业生产现场 5S 习惯化检查表

部门		检查人		检查日期			
5S	检查项目	完全不行	稍可	中等	良	很好
整理	1. 是否定期实施红牌作战(清理不要品)?	0	1	2	3	4
	2. 有无不用或不急用的夹具、工具、模具?	0	1	2	3	4
	3. 有无剩余料或近期不用的物品?	0	1	2	3	4
	4. 是否有"不必要的隔间"影响现场视野?	0	1	2	3	4
	5. 作业场所是否规划清楚?	0	1	2	3	4
	小计					
整顿	1. 仓库、储物室的摆放是否有规定?	0	1	2	3	4
	2. 料架是否定位化,物品是否依规定放置?	0	1	2	3	4
	3. 工具是否易于取用,不用找寻?	0	1	2	3	4
	4. 工具是否用颜色区分?	0	1	2	3	4
	5. 材料有无放置区域,并加以管理?	0	1	2	3	4
	6. 废品或不良品放置有无规定,并加以管理?	0	1	2	3	4
	小计					
清扫	1. 作业场所是否杂乱?	0	1	2	3	4
	2. 作业台上是否杂乱及乱摆乱放?	0	1	2	3	4
	3. 各区域划分线是否明确?	0	1	2	3	4
	4. 作业区域下班前有无清扫?	0	1	2	3	4
	5. 所使用设备的关键部位是否检查?	0	1	2	3	4
	小计					
清洁	1. 3S 是否规则化?	0	1	2	3	4
	2. 机器设备有无定期检查?	0	1	2	3	4
	3. 是否对设备物料通道进行打扫?	0	1	2	3	4
	4. 工作场所有无放置私人物品?	0	1	2	3	4
	5. 吸烟场所有无规定,并被遵守?	0	1	2	3	4
	小计					

续表

5S	检查项目	完全不行	稍可	中等	良	很好
素养	1. 有无培训日程管理表?	0	1	2	3	4
	2. 需要用的护具有无使用?	0	1	2	3	4
	3. 有无遵照标准作业?	0	1	2	3	4
	4. 有无异常发生时的应对规定?	0	1	2	3	4
	小计					
	5S习惯化综合评分	100				

以30分为基本标准,根据评价结果确定对策,见表5-3。

表5-3　5S习惯化评价结果及其对策

序号	综合得分	评价	对策
1	0~30	不及格	返回第一阶段,重新开始
2	31~50	再考试	对分数低的项目重补习
3	51~70	合格	平均5S,强化弱项
4	71~90	良好	向更高一级努力
5	91~100	优秀	努力争取更优秀

5.3.3　5S管理习惯化对企业文化的塑造

企业员工在5S管理习惯化的过程当中会受到意识、观念的冲击,从而内心产生改变,这样就会慢慢培养成习惯,而且通过这个过程能够培养员工的眼光,也就是说不只是组织大家改变,还能够让大家带着问题意识和问题眼光来直觉现场,发现问题,而且马上行动,解决问题。

5S管理的习惯化能够推进企业文化的塑造,更新管理理念,推动管理机制的变革和管理模式的转变。5S管理的习惯化有利于推进企业形象的良性转化,是使制度的硬性化管理和规范化操作最后演化为员工良好的行为习惯,变成引导员工日常工作的一种文化。

促进5S管理习惯化是企业的一项基础管理工作,是企业文化及企业竞争力的具体体现;5S管理是营造良好环境的有效方式,是企业管理的重要组成部分,是企业文化发挥作用的有效手段。5S管理的习惯化是从一个员工素质提高的角度来塑造企业文化,而企业文化又是企业管理的灵魂。

5S管理的习惯化能够为员工创造一个安全、文明、整洁、高效而温馨的工作现场,激发员工高昂的士气和责任感,培养并提升高度的执行力和纪律性,对于塑造企业良好形象,改善工作环境,规范现场管理,提高产品质量,提升员工素养,减少浪费,提高工作效率,保障安全,形成优秀的企业文化具有重要作用。企业文化建设要进入企业制度建设和物质生产的整个系统和全过程,同企业的生产经营融为一体,真正在企业中确立文化管理方式,形成以企业文化建设为主导的企业管理体系,促进企业全面发展。

5S管理是建设国际一流企业的需要,是适应企业科学管理的需要,是培育先进的现场管理模式的需要。5S管理的习惯化能够提升5S管理的效果,培育良好习惯,使企业保持旺盛的竞争力。同样,创建企业文化的目的更是提升理念,优化管理,以提高企业的凝聚力和感召力,充分调动员工积极性,齐心协力推进企业发展战略的实施落地。企业文化建设的最终归宿,就是建立符合企业实际的、有个性的企业文化管理模式。

5.4 企业现场 5S 管理的全员参与

5.4.1 现场 5S 管理的全员参与

企业开展 5S 管理最有效的办法是让全体员工都参与到 5S 管理活动中,也就是说 5S 的推动要做到企业上下全体一致,经理、科长、主任、班组长要做到密切地配合,同时要密切关注小组活动。在实际的企业 5S 管理活动中,推行的主管部门是一个车间,一个部门。例如在装配车间,主管就应该告知员工,或教育员工整理、整顿、清扫的重要性,然后再进一步地告知每个人,要养成规范化,怎么样去进行整理、整顿、清扫。每一个人都能够做好以后,这个小组就可以做得更好。5S 管理活动的一个环节就是部门,每一个人都有责任;5S 的活动的每一个责任都要环环相扣,也就是每一个领导干部之间都要环环相扣。

强调全员参与 5S 管理活动需要企业全体员工的积极参与,热情参与的员工越多,对活动的推行越有利。如何促进全体员工积极参与到企业的 5S 管理活动中,是企业管理者们必须思考的问题。可以通过以下几种方式来促进全员参与。

① 员工对活动热情的长期维持在很大程度上取决于最高管理者的意志力,这就要求最高管理者在决定发起 5S 管理活动时消除犹豫,以一种坚定决然的态度推行 5S 管理活动。

② 在推动 5S 管理活动中,必须让员工明确自己在 5S 管理活动中的责任,并以一种主人翁的心态落实自己的工作;同时推行部门也要对员工的工作进行指导,以及时发现问题并解决问题,提高员工参与到 5S 管理活动中的积极性。

③ 企业要通过各种丰富多彩的活动,如利用各种宣传工具或者通过动员会、内部刊物文章发表、自主研究会、鼓励提出改善方案等措施使 5S 管理活动更加丰富多彩,吸引更多的员工积极参与。

5.4.2 创建现场 5S 管理机制

创建现场 5S 管理机制,首要的工作是成立 5S 管理组织,明确组织的主要职责和任务;其次,确定 5S 管理工作的目标和方针,形成一种动力机制,推动 5S 管理活动;接下来建立 5S 管理活动的运作机制,打造高效率的 5S 管理流程;最后还需要约束监督机制作为后盾,来督导 5S 管理活动的进行,促进 5S 管理目标的达成。

(1) 成立 5S 管理组织

1) 确定 5S 管理组织结构和人员构成

5S 管理本身是一种企业行为,因此,5S 管理的推行一定要以企业为主体,建立一个符合企业自身条件的管理组织——5S 管理推行委员会,领导和指挥企业的 5S 管理活动。

企业的 5S 管理组织，应该要有一个核心的主管部门，作为核心力量，之后建立从企业—部门（科室）—班组的三级监督控制体系。当 5S 管理已被员工养成自觉习惯时，进入常态化管理，可由各部门自主管理。

5S 管理组织由总经理担任推行委员会主任，5S 管理代表担任管理组织的副主任，若干成员（部门负责人）担任推行委员组成。推行办公室是个相当重要的职能部门，可由 3~5 名的精干人员组成，它负责对整个 5S 管理推行过程进行控制，负责制定相应的标准、制度、竞赛方法和奖惩条件等。

2）明确职责

① 明确 5S 管理组织的职责。

- 设定 5S 的方针和目标；
- 确定 5S 推进的方法、方案；
- 制订推进计划及策划推进活动；
- 实施 5S 教育训练；
- 制订 5S 考核评价标准；
- 建立 5S 监督检查体系。

② 明确 5S 管理组织中人员的职责。明确 5S 管理组织中人员的职责是为了各司其职，让大家知道负责人是谁，分别负责什么内容，给各部门一个联络的窗口。以下为参考职责，企业可以根据自身特点进行追加或删减。

- 主任委员。人力资源、物资的合理提供者；作出相关决策，鼓舞士气，适当巡逻现场、关心、认可、指正下属的 5S 管理工作；颁布权威性文件。
- 副主任委员。资源的运用掌握，做好人员的配置，协调不合理等事项；督导办公室的工作；主持各种会议，审核相关文件。
- 办公室。首先，制定实施方案，协调部门间的问题，召开各种会议及组织各种推行活动，并准备各类推行文件及事务工作内容。第二，督导各活动区的工作进展，并实施检查评比、宣传教育等活动，对有争议问题进行处理和协调等 5S 管理的具体工作。最后，对各种重要会议，特别是检讨推行办法的会议，由推行办做好会议记录并发放备忘。
- 委员（各部门 5S 负责人）。参与 5S 活动计划的制定及监督实施，执行领导小组及推广办所委派的工作；负责本部门 5S 的宣传教育，完成诊断表、评分表等表格的填写，定期参加检查，推动整改工作。

③ 建立一个推进组织的注意事项。

- 层次不能过多，可以分为三到四层。
- 人员一定要精干，要有主见和热情的，甚至要有影响力或号召力。
- 活动过少达不到预期的效果，过多又会影响到正常工作，最好是一个礼拜进行一次汇总，或进行一次会议。
- 责任明确，分工协作，各展所长。
- 领导者要赋予权利，配备齐足够的资源，比方说经费、办公的文具、场所等。

(2) 确定 5S 管理的目标以及方针（动力机制）

1）确定 5S 管理的目标和方针

5S 推进部门可以结合企业的发展宗旨和经营方针，提出整个活动的目标，为 5S 管理指明方向。在活动开始后，各部门又可以根据各自特点提出部门的具体目标，做到具体问题具体分析。

① 制定 5S 管理目标应符合以下原则要求。

- 相关性原则。企业在制定 5S 管理目标时，应与企业的产品、活动、资源等情况密切相关，为企业整体目标服务。
- 先进性原则。5S 管理目标应具有先进性或挑战性，只有这样才能激发员工的改善意识和拼搏精神，为实现组织和个人的目标努力。
- 可实现性原则。5S 管理目标必须切实可行，能够实现。
- 可量化原则。如果不能制定出定量目标，也应制定出定性目标，从而使这些目标是可被考核的或可被控制的。
- 时间性原则。5S 管理目标要具有一定的时限性，企业必须明确在什么时候完成，给实施者一定的压力，以保证整体进度。

② 制订 5S 管理方针要注意的事项。

- 与企业宗旨相适应。推动 5S 管理要与企业宗旨相适应，5S 管理方针是根据企业宗旨、发展战略制订的，与之相适应，才有旺盛的生命力。所以制订 5S 管理方针，一定要有助于提升企业的形象或节约成本，提高生产力，杜绝浪费。
- 抓住要点，向全员表达出信心和决心。通过方针向全体职工说明推进 5S 的意义和推进的方向，传达管理层的信心、决心和期望。
- 作为 5S 管理目标的订立框架的基础。5S 管理方针是 5S 管理体系建设的基础，是企业制订、评价 5S 管理的框架，所以 5S 管理的方针应该切实可行。
- 全员理解。5S 管理方针应做好宣传贯彻工作，使各级人员都能充分理解。
- 及时修订。企业在不断成长，原来制订的 5S 管理方针不可能永远都适合企业，应根据变化及时地检讨修订 5S 管理方针，使其与发展变化相适应。

2）制订 5S 计划

① 长期计划与短期计划。长期计划通常以年度作为考核时限。各年度有不同的工作内容。一般而言，长期计划需要规划近三年的计划。短期计划用来明确具体改善项目和具体日程，如每周一清扫地板等。每完成一个短期计划之后，员工应在该计划上用记号标注。

② 企业 5S 管理推进计划和各部门 5S 管理实施计划。企业 5S 管理推进计划比较宏观抽象，各部门计划是对企业 5S 管理推进计划的落实和细化，要求实施内容和时间具体明确。例如拟定各部门实施计划和相应日程，并将计划公布出来，让所有的人知道实施细节，制定表 5-4 所示的日程与计划表，相关部门负责人以及企业的员工都知道应该在什么时间内完成什么工作，如什么时间进入样板区的选定、什么时间进行样板区域 5S 推行、什么时间进行样板区域阶段性交流会。

3）制定 5S 管理活动实施办法

对于 5S 管理活动的推行与展开，企业要通过书面形式让员工了解哪些可做，哪些不可做，怎么做才符合 5S 管理的要求。书面规范一般包括以下四点：

表 5-4 推行 5S 管理大日程

项次	项目	推行 5S 管理大日程						
		1月	2月	3月	4月	5月	6月	……月
1	推行组织成立							
2	前期准备							
3	宣传教育展开							
4	样板区域选定							
5	样板区域 5S 推行							
6	样板区域阶段性交流							

- 活动时间和目的;
- 区分必需品与非必需品的办法;
- 5S 活动评鉴方法;
- 5S 活动奖惩方法。

4) 制定 5S 管理活动章程

组织建立后,要集体研讨制订相应的规章制度,勾画出大的蓝图,以便为日后的工作明确方向和方法。规章制度制订后,及时向企业每个员工公布。

(3) 5S 管理活动的运作流程(运营机制)

企业推进 5S 管理活动,应该按计划,有步骤地进行。按照一定的程序和流程把 5S 管理活动贯彻到企业的每个部门,如图 5-6。

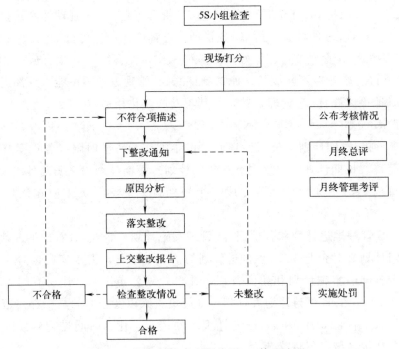

图 5-6 某高新技术有限公司 5S 管理流程

(4) 5S 管理活动监督约束机制的建设

1) 评比考核制度

定期或者不定期开展企业的5S管理评比考核活动，按照约定的标准，利用5S管理活动评价表对企业所开展的5S管理活动情况进行公开、公平、公正的评比。

2) 建立巡查制度

制定"巡查规程"和"巡查记录表"。巡查项目可先针对亟须改善的问题，并与不同5S阶段相联系；标准要求可参照"5S检查评分表"或专门制定；巡查项目和标准要求执行前来张榜公布。

① 组建稽查小组。
- 由各部门推荐，经5S管理部门任命；
- 最高主管或外协顾问师有权随时实行；
- 1~2人为一组，可轮值，扩大参与范围；
- 小组成员不限员工、干部等行政职位。

② 选择巡查办法。
- 挂工位牌或配臂章上岗，定期或不定期巡查，这种挂牌式巡查比较适合5S初级阶段；
- 不佩戴任何标示，不定期巡查。例如素养巡查较适合用这种隐蔽式巡查，利于客观地、全面地发现问题。

③ 处理。
- 巡查结果及时记录在"巡查记录表"上，作为部门阶段评比一项参考依据；
- 巡查结果还应当日公布曝光，注明责任部门或责任人，制定整改期限；
- 被稽查人如对巡查结果有异议，可向5S管理部门申诉，由主任委员最后裁决。

3) 奖惩制度

根据客观的评比考核结果，按照一定的奖惩标准，对于在5S管理互动中突出的单位和个人，给予表扬和赞赏；对于表现不好的员工和部门要给予一定的巧妙批评，鼓励其继续做好5S活动。

本章小结

本章主要有四个方面的内容：5S管理活动的体系化、标准化、习惯化与全员参与。

首先是5S管理的体系化，企业可与ISO国际标准融合，形成一体化的管理体系，编制相关5S管理的文件系统，便于企业有效推行；

其次是5S管理的标准化，把有效的5S管理活动固化为标准，形成企业内部的5S管理标准化系统，便于企业有效执行；

再次是5S管理的习惯化，让5S相关内容成为员工的一种工作习惯，成为员工的素养；

最后是5S管理活动的全员参与，让企业员工明确推行5S的目的与内容，自觉参与到5S管理推行活动中。

复习思考

1. 企业5S管理体系文件的内容有哪些？

2. 怎么编制企业5S管理体系文件？
3. 企业5S管理标准有哪些制定要求？
4. 叙述企业5S管理标准化的过程。
5. 叙述5S管理标准化的要点。
6. 分析5S管理活动习惯化的定义
7. 如何才能推动5S管理活动的全员参与？
8. 分析企业如何创建现场5S管理机制？

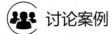 讨论案例

某化工企业标准化的内容

标准化是指在相同的技术、管理和操作要求下，按照相同的方法和程序，对一批同类技术、产品或工程进行统一规划、设计、生产和管理的过程。它可以提高工作效率、降低成本、保证质量并减少风险。

某化工公司生产一种用于合成特定化学品的催化剂，该催化剂需要通过一系列的反应步骤来制备。在过去的生产过程中，每一批催化剂的制备方法略有不同，导致产品性能的差异以及生产效率的低下。

为了解决这个问题并提高产品的一致性和生产效率，该公司决定进行标准化。首先，公司成立了一个由研发部门、生产部门和质量控制部门组成的标准化团队。团队成员分析了过去每一批催化剂的制备方法和生产数据，并通过对不同批次之间的差异进行统计分析，确定了影响产品性能的因素。团队制定了一套统一的催化剂制备工艺和操作规范。在制备工艺上，团队通过对反应条件的优化，确定了最佳的温度、压力和时间等参数，并确定了每个反应步骤所需的原料和催化剂的比例。在操作规范上，团队制定了对每一个操作步骤的详细说明，包括反应容器的清洗、原料的称量和搅拌速度的控制等。

标准化后，该公司进行了一系列的试验和生产验证。通过与过去的生产数据进行对比，发现新的标准化工艺可以显著提高催化剂的产量和纯度。同时，通过对多次制备的催化剂进行性能测试，发现产品的一致性得到了大幅提高。除了提高产品的一致性和生产效率外，标准化还带来了其他的好处。首先，标准化过程中明确了每一个反应步骤的操作规范，降低了误操作和事故的风险。其次，标准化使得不同团队之间的协作更加顺畅，避免了因为操作差异导致的沟通障碍和工作重复。最后，标准化还为公司的技术创新提供了基础，通过对标准化过程的改进和优化，可以进一步提高产品的性能和质量。

标准化是一个可以提高工作效率、保证质量并降低风险的重要工具。通过标准化工艺和操作规范，可以提高产品的一致性，优化生产流程，并为技术创新提供基础。

讨论问题：
1. 分析该企业标准化的内容与效果？
2. 分析企业标准化有哪几个方面的内容，这些内容分别怎么标准化？
3. 企业管理标准化对企业管理者与操作员工分别什么基本要求？

参考文献

[1] 赵隽，刘石榴. 企业班组管理——越简单越有效：新时代优秀班组长工作实务（增订版）. 北京：人民日报出版社，2023.
[2] 詹姆斯·P. 沃麦克. 现场观察. 余锋，赵克强，译. 北京：机械工业出版社，2013.
[3] 杨勇. 安全管理18讲. 北京：中国劳动社会保障出版社，2020.
[4] 今井正明. 改善. 周亮，战凤梅，译. 北京：机械工业出版社，2020.
[5] 岸良裕司. 图解TOC问题解决法（修订本）. 朱彦泽，陈计顺，译. 北京：电子工业出版社，2018.
[6] 王升文，沈发治. 化工安全管理与应用. 2版. 北京：化学工业出版社，2019.
[7] 黄杰. 班组长如何管现场. 2版. 北京：经济管理出版社，2014.
[8] 赵炳云. 非煤地下矿山生产现场管理. 北京：冶金工业出版社，2013.
[9] 加藤治彦. 精益制造029：现场管理. 郑新超，译. 北京：东方出版社，2015.
[10] 柿内幸夫. 精益制造052：微改善. 李清玉，译. 北京：东方出版社，2018.
[11] 张平亮. 现代生产现场管理. 2版. 北京：机械工业出版社，2019.
[12] 姚水洪. 企业现场5S管理操作实务. 北京：化学工业出版社，2023.
[13] 刘治宏，张德华，董国盛. 企业现场管理实务. 3版. 北京：中国人民大学出版社，2019.
[14] 许铭. 危险化学品安全管理. 北京：中国劳动社会保障出版社，2018.
[15] 郭洪飞. 班组精益管理实践. 北京：机械工业出版社，2020.
[16] 崔政斌，等. 杜邦安全管理. 北京：化学工业出版社，2019.
[17] 陈国华. 现场管理. 3版. 北京：北京大学出版社，2022.
[18] 徐明达. 现场管理十大利器. 北京：机械工业出版社，2012.
[19] 佐藤知一，山崎诚. 精益制造012：BOM物料管理. 刘波，译. 北京：东方出版社，2013.
[20] 王庆慧. 化工安全管理. 北京：中国石化出版社，2018.
[21] 吕文元. 物料管理理论与实务. 上海：复旦大学出版社，2021.
[22] 张怡. 化工企业班组管理. 北京：中国劳动社会保障出版社，2023.